骑行宝典

单车维修保养完全手册

[英] Mark Storey 著

潘 震 译

人民邮电出版社

北京

图书在版编目（CIP）数据

骑行宝典 : 单车维修保养完全手册 / （英）斯托里
（Storey，M.）著 ；潘震译. -- 北京 : 人民邮电出版社，
2014.1（2014.11重印）
    ISBN 978-7-115-32758-1

    Ⅰ. ①骑… Ⅱ. ①斯… ②潘… Ⅲ. ①自行车－维修
－技术手册 Ⅳ. ①U484.07-62

    中国版本图书馆CIP数据核字（2013）第181817号

版权声明

◆ 著　　　　　　［英］Mark Storey
　　译　　　　　　潘　震
　　责任编辑　　　张　鹏
　　责任印制　　　彭志环　焦志炜

◆ 人民邮电出版社出版发行　　　北京市丰台区成寿寺路 11 号
　　邮编　100164　　电子邮件　315@ptpress.com.cn
　　网址　http://www.ptpress.com.cn
　　北京市雅迪彩色印刷有限公司印刷

◆ 开本：787×1092　1/16
　　印张：12
　　字数：373 千字　　　　　　　　2014 年 1 月第 1 版
　　印数：5 501－7 000册　　　　　2014 年 11 月北京第 3 次印刷
　　著作权合同登记号　图字：01-2012-8795 号

定价：58.00 元
读者服务热线：(010)81055410　印装质量热线：(010)81055316
反盗版热线：(010)81055315

内容提要

    作为骑行爱好者了解自己的车辆并学会保养它是十分必要的，本书通过千余张彩色实物图片详细介绍了自行车各部件的更换、调校和养护方法。车友们关心的各种车辆零部件的专业以及实用的知识在书中都有介绍，喜欢骑行运动的车友可以通过阅读这本书轻松掌握自己动手照顾爱车的技能。无论是热爱骑行的入门级车友还是资深玩家都可以从本书中找到你们想要的。

目录

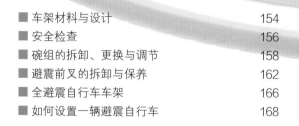

第 1 章
自行车的挑选

在购买自行车之前应该先问问自己，我准备如何骑车？很多人看到春暖花开，一时兴起，就随便买了一辆自行车，结果发现买错了尺寸或车型，只能让它长眠于车库角落中。如果你是个自行车新手，买车之前可以考虑先找朋友借一辆或者租一辆自行车骑，找找感觉。

成人自行车

多年以来，传统的轮径为27英寸（700c，1英寸=25.4mm）的公路自行车占据着成人自行车市场。直到20世纪70年代中期，改用26英寸轮径车轮的山地自行车的出现才对27英寸自行车的霸主地位发起了挑战，其销量迅速超过了传统的自行车。近些年来，市场上又出现了所谓的混合自行车（通常称为"城市自行车"或"通勤自行车"），这种车通常装配重型的700c车轮和轮胎。而更让消费者迷惑的29英寸山地自行车也已经悄然进入市场（有关轮胎和车轮的尺寸，详见书后附录）。

山地自行车

一般认为山地自行车（简称山地车）是于20世纪70年代早期在美国的加利福尼亚州发明的。山地车之所以受到欢迎，主要还是因为其多功能性。骑着采用更小的压缩车架和宽大轮胎的山地车，不仅可以享受下山的乐趣，出去买东西的时候，骑车直接冲上马路牙也不无快乐和刺激。

市场上最便宜的成人自行车，一般也叫山地车。不过这种车只能走走普通的平路，车架通常就是普通规格的钢材，避震装置通常也很粗糙，并不适合真正的越野骑行。正规的山地车通常要配备前后避震器、液压碟刹以及铝合金液压成型的车架。

高端山地车通常配备3×10的传动系统，采用内走线设计，装置有长行程避震系统和重型碟刹。

竞赛（公路）自行车

如今，这种真正的竞赛（公路）自行车（简称公路车）被人们视为专业自行车，而且随着在道路上曝光率的增加，它也逐渐流行起来。新一代的公路车吸收了山地自行车的诸多优点，它们通常采用压缩的车架、倾斜的上管以及车把变速操控装置。高端公路车也会采用碳纤维和钛金属作为车架和前叉的材料。如果你是发烧级的公路车粉丝，还可以从一些专业车架制造商那里购买到纯手工车架。如果你想以较快的速度骑行长距离，公路车仍然是最佳选择。

混合自行车

顾名思义，这种自行车结合了传统公路自行车和山地自行车的元素，变身成为通勤或城市骑行的理想工具。这种车型大多数都采用700c的车轮搭配更宽的700×32的轮胎，但是也有个别车型使用26英寸的车轮以及略窄的轮胎（轮胎宽为1.9英寸或更窄）。此外，使用纯光头或半光头胎纹通常是这种车的一大特征。

低端市场常见的混合自行车配置是钢架（或铝合金车架）搭配变速器和V刹。中端车可能搭配机械碟刹、避震前叉和抽管的车架管材。高端车通常配备内变速器、液压碟刹和优质的减震系统。

直立的骑行姿势、水平的车把和应对路面凹凸的能力，使混合自行车作为最佳通勤车绝对当之无愧。另外，由于其车架上通常预留了安装货架的孔，因此，骑着它去购物或进行简单的旅行也相当不错。

这辆公路自行车的刹车和变速操纵杆是一体的（通常叫做"手变"）。传统的下弯把让车手能够在车上做出空气动力效应更高的骑行姿势。

这辆保养需求很低的通勤自行车基本上可以"骑任何地方、做任何事情"。它采用了硬叉和液压碟刹。

旅行自行车一般采用钢架，配有前后驮包架和挡泥板。另外，拥有36根辐条的车轮能够提供更大的承载能力，骑行者不用担心体重大、行李多。

旅行自行车

从某个角度来说，旅行自行车（简称旅行车）是一种重型公路自行车，不过它的车架角度令骑行者感到更舒适，而且车架上面预留了各种安装孔，可以安装货架、驮包等。传统的旅行车通常使用下弯把，新款则更多地搭配了山地车的平把或上扬把。某些新型旅行车现在都安装山地车使用的26英寸的车轮，从而提高了路面适应性。对于想要骑车环游世界的人来说，一款定制的钢架旅行车仍然是首选，理由很简单，你在世界任何地方都能找到修理钢质产品的店面。

对于真正想骑长途的人来说，选购这种专门的休息把还是值得考虑的。这种专为骑长途设计的车把调节空间很大，同时也为双手提供了更多的休息握把位置。

折叠自行车

折叠自行车（简称折叠车）市场这几年一直处于增长趋势。这种自行车特别适合居住在楼房里、储存空间有限的骑车人。由于方便折叠和收纳，它也是经常需要搭乘地铁、公交车等交通工具出行的通勤者的理想工具。折叠车并不是特别适合长距离骑行，而且它的轮子小，也不太适合初学者。另外，它们通常是"均码"的，如果你的个子特别高或特别矮，可能很难找到合适尺寸的折叠车。

这款折叠车使用了可折叠的把立和把横。这是一款单速车，后刹车为脚刹。

时尚自行车

　　一些时尚自行车是模拟老式或者坐姿较低的摩托车设计的——骑起来乐趣无穷，不过实际用处不大。更常见的是一些按照20世纪50～60年代的老式自行车设计的单速自行车，也就是所谓的复古车。

这款经典的复古风格自行车采用单一脚刹，拥有简洁的线条。

实用还是时尚？

选择车架尺寸

　　过去的自行车，车架前三角很简单，上管基本和地面平行，因此想选择一辆大小合适的自行车非常容易。制造商以车架五通中心到座管顶端螺栓中心（或座管顶端）的距离作为车架的尺码。随着座管的加长，上管长度也会增加。如果你知道自己应该骑多大的车架，那么更换不同品牌的自行车会容易很多，也不必担心尺寸的差异。

　　随着拥有更斜的上管和更压缩的车架的山地车的出现，我们在选择的时候不得不做一些简单的算术题。加之先进的无牙碗组系统（可以轻松更换把立）和超长的座杆（最长可达300mm），到底什么尺寸才合适，似乎变成了一个很难回答的问题。很多制造商已经放弃了以测量数值作为标准的车架尺寸系统，只把他们的产品标上大、中、小号，然后配合给出建议的骑车人身高。

　　下面的表格可以让你对车架的尺寸有个大概的了解，不过它只是一张传统自行车的车架尺寸对照表，最好的方法还是向当地的车店寻求帮助，因为许多车店现在都提供试骑车。当然，让车店提供所有尺寸和车型的试骑车辆是不现实的，所以就不用期望能找到一辆XXL号的碳纤维公路试骑车了！

车架尺寸（英寸）	车架尺寸（cm）	腿内侧长
15英寸	38cm	24～29英寸
16英寸	41cm	25～30英寸
17英寸	43cm	26～31英寸
18英寸	46cm	27～32英寸
19英寸	49cm	28～33英寸
20英寸	51cm	29～34英寸
21英寸	54cm	30～35英寸
22英寸	56cm	31～36英寸
23英寸	59cm	32～37英寸

女式自行车

随着上管非常倾斜，而且可以穿普通裤子骑行的山地车的出现，传统的斜梁女式自行车已逐渐落没，不过在很多地方仍然可以买到，也许将来它还会流行起来也说不定。

为了满足女性对自行车的特殊要求，很多制造商开始生产女款车型。这种通常被称为WSD（专为女士设计）的自行车，一般拥有更短的上管——以适应女性较短的躯干，和更长的座杆——以适合女性更长的双腿。优秀的WSD自行车还可以搭配更短的曲柄。如果是山地车，还可能有定制的避震前叉。对于公路自行车，小款的WSD自行车可能使用650c（26英寸）的车轮。

不过，您在购买前还是应该仔细阅读制造商的产品手册，因为他们设计的WSD车架可能只与男士车架相差几毫米。当然，很有可能男女款车架完全一样，只是换成了更短的把立、女式专用车座和更短的曲柄。不过至少女式车架的涂装更符合女性的审美。WSD自行车的变化虽然可能不大，价格却依然不

菲，相对于花很多钱购买一辆WSD自行车来说，如果可以简单地改装一辆男士自行车（更换把立和车座等）会相对便宜很多。

对于很多女性来说，经典的斜梁车架仍然是个不错的选择。这种"荷兰"自行车通常采用全封闭的传动系统、摩电灯、自带车锁、内变速花鼓和脚刹车。这种车虽然不适合长距离骑行，不过平时骑车出去办个事还是相当靠谱儿的。

对于很多女性来说，也许最大的问题就是要选择一个舒服的车座。最近几年，市场上出现了很多专为女性设计的车座。这种车座的后端一般比较宽，整体也比较短。还有很多车座添加了硅胶，骑起来感觉更舒适——理论上是这样。然而，"软"并不总和"舒适"画等号，有心的车手通常更喜欢硬座。如果你已经选择了一块较硬的女式车座，最开始可以套一个硅胶座套，然后慢慢尝试不加套骑行。归根结底，哪种车座舒适还要看个人感觉和喜好。

这款"欧洲"（或"荷兰"）斜梁女式自行车搭配了单侧车支和变速花鼓，能够提供更直立的坐姿。全封闭的传动系统使女性即使穿着宽松的时装骑车也完全没有问题。

这款专为女士设计的小架公路车适合已入门的车手。除非你工作的地方可以换衣服，否则它不适合通勤之用。

这款经典的"复古"女车的原型可以追溯到维多利亚时代。

不光是男性车座，现在女性车座同样丰富多样。左边的车座更适合竞速，右边的车座则更加休闲。选择哪种车座还要看个人喜好。

自行车的基本调节装置

1 加长的座杆让腿长的男士骑小号的男士自行车更加舒适。

2 后飘座杆可以代替长把立。

3 高级刹车把手可以调节刹把的前后位置。

4 可调节把立可以让你随意地改换坐姿。注意，这种把立不适合越野骑行。

儿童自行车

儿童自行车的大小一般是根据车轮尺寸而定，而并不是以车架为依据。下面的表格可以粗略地提供年龄和自行车轮径尺寸的对照。家长在给孩子买自行车时经常犯的最大错误就是买个大号的，盼望孩子"快点长高，然后骑着就合适了"，而妨碍孩子骑车的最大因素就是车太大。当然，终究会有那么一天，孩子能骑了，不过，在这之前的尴尬骑行经历只会让孩子不想再碰那个东西。

通常14~16英寸的童车做工会比较粗糙，配件也比较便宜。不过，它们都能正常使用，而且只要进行基本的保养，仍然可以使用很久。要特别注意的是车上的刹车把手，如果调节不当，孩子的小手很可能够不到刹车把手。

车轮越大，车子就越接近成人自行车。20英寸的BMX自行车应该说是适用范围最广的车型了，从9岁的儿童到成年人都可以骑乘，这种车简单的单速传动系统也让保养工作变得很轻松。24英寸的车同样适合个子比较矮的成年人。价格高的车配置也会高，如果想让车"辈辈相传"，最好还是多花点钱买顶配版。

尽量不要给孩子购买当下流行的自行车。对于较大轮径的自行车而言，标准的、传统的三角形车架仍然是最佳选择。另外，除非你愿意花钱买顶配版，否则尽量不要选购带避震系统的自行车，因为这些配件一般比较粗糙，而且可能很沉。

轮径（英寸）	年龄（岁）
14	2~5
16	5~7
20	7~9
24	9~11
26	11以上

24英寸轮径自行车

这种车通常使用外变速器、密封轴承、合金车圈，不过基本上就是成人自行车的缩小版。其倾斜的上管和加长的座杆，增大了对使用者身高要求的范围。它的高端产品通常会采用高级的无牙碗组、V刹和21速以上的变速系统。

BMX自行车

这是一辆16英寸（20英寸更常见）的BMX自行车。宽大的轮胎和36根辐条的车轮（还有48根辐条的）使得这种车可以用于众多场合，甚至可以用来"狠造"。这种车非常适合用来学习山地或极限技术，例如跳跃，不过它不适合长距离骑行。

14英寸轮径自行车

这种车通常配有辅助轮，是许多孩子的第一辆自行车。当孩子学会骑车并变得自信后就可以拆下辅助轮。

16英寸轮径自行车

这种车通常配有辅助轮，但是只有还不会骑车或信心不足的孩子才需要。有些车款可能配有6速或7速的变速系统，适合全家短距离骑行。

20英寸轮径自行车

这种车适合7岁以上的儿童，可以是单速的或者带变速系统的。

设定你的骑行姿势

如果你购买了一辆尺寸合适的自行车，接下来，你需要对自己的骑行姿势进行一些微调。如果骑车人买错了车的大小，或者他们的骑行姿势需要调整，其他人很容易就能看出来。你会看到，由于车架太大（或者车座太高），骑车人的屁股在车上左右摇摆，或者他们的膝盖好像要撞到自己的下巴上。

首先，跨站在车上，双脚着地。裆部和上管（大梁）之间应该有一定的距离——具体多大依车型和个人喜好而定。原则上是山地类自行车大约为75mm，公路类自行车大约为25mm。不过今天的自行车大多是压缩架，上管倾斜得很厉害，这条"古老"的原则也就不适用了，因为间距可能变得非常大。

然后调整车座的高度。松开座杆的锁紧螺栓或快拆，站在车身旁边，将车座拔起到其上边缘与髋部同高，查看安全线是否露出。如果能够看到安全线，说明你需要一根更长的座杆或者一辆更大的自行车。

锁紧车座，坐在车上，扶墙保持身体平衡。将一侧曲柄转到6点的位置。当你的前脚掌踩在脚踏的中心点时，这条腿应该稍稍弯曲。如果不是这样，则适当调整座高。

接下来查看车座的前后位置。最开始，让车座保持水平，车座夹夹在导轨的中间。重新坐在车上，转动曲柄到水平位置，用一根铅坠检查膝盖是否在脚踏

重心的正上方。如果不在，应适当调整车座的位置。

记住，上面讲的只是个开始。随着不断骑行，最好再根据实际感觉进行适当的微调。

调整好车座后，来看车把的位置，主要是看车子的类型以及你的骑行方式。如果是休闲骑行或越野骑行，坐姿比较直立，可以使用无牙碗组搭配各种不同长度和角度的把立。如果你的自行车是老式的有牙碗组，可以使用鹅颈把立。骑车时上身前倾的程度也要看个人的喜好以及骑行的方式：如果是市内休闲骑行，完全直立的姿势就可以；如果是高难度的越野骑行，你就需要多向前倾斜，让前轮多承担些体重，这样有助于保证抓地力和转向操控。

如果是经典的弯把公路车，骑行姿势要低得多，当你的手握在把弯处时，空气动力效应会更大，这时你的头都很低。不过，即使骑竞赛自行车，绝大部分时间手也是握在车把上端水平的部分，或者握在手变上面。这时候，后背与地面成45°角。当然，实际姿势还要看个人感觉。许多公路车手在巡航时身体会稍稍直起来一点，不过他们握弯把时，通常会把身体向后推。

对于众多骑车人来说，设定骑行姿势时都需要对把横、把立和车座进行小幅调节，不要一味遵守某些"不变法则"，只要你觉得合适，也符合特定的骑行方式，那就没问题。

当前脚掌踩在脚踏上，该侧的腿应该略有弯曲。图中的车手使用了骑行锁踏和锁鞋，这样可以保证前脚掌一直在正确的位置。

可以利用铅坠辅助设定车座的前后位置。

教儿童骑自行车

孩子们最开始通常骑带辅助轮的自行车。这种车能够增加孩子的自信心，让孩子懂得如何转向和刹车，不必担心平衡问题。什么时候应该去掉辅助轮是个难题，当孩子能够在加速或者短距离骑行时可以辅助轮不着地，就是时候了。

刚拆除辅助轮时，应该选择公园里有缓坡的草地练习，坡度应该足够车子自己滑行。理想的地方是坡底还有个小的上坡，可以抵消速度。让孩子的双脚在坐在车座上时能完全站在地上（必要时降低车座），然后让他们双脚离开地面，让车向下滑行。最好您能跟在孩子旁边，一只手放在车座下面（不要接触），如果车出现明显的摇晃，立即用手扶住车座。随着孩子自信心的增加，他们会逐渐敢把脚放在脚踏上，这时可以让他们在最后阶段蹬上几下。

当孩子学会基本骑行并信心十足时，就可以把车座恢复到正确的高度了。现在可以让他们进行一些简单的控车练习。让他们练习定点停车，训练他们绕桩。随着技术的熟练，再将桩之间的距离移近。如果你对他们的控车能力感到满意，就可以让他们了解高速路了。找一条安静的街道，一直要跟在他们后面，但不要太近，保持能招呼到的距离。

一定要让孩子在骑车时佩戴上头盔，特别是还在学习的阶段。

第 2 章
常规维修与保养

自行车部件名称

其他车座类型

女式车座

后部更宽，适合女性身体结构。

弹簧车座

传统车座，如今仍然流行。

I-Beam

SDG公司的最新产品，特点是重量轻。

其他变速系统

内花鼓变速

由于对保养的需求小，最近再次受到青睐。

单速系统

单速系统用于童车和BMX自行车上，但近几年山地车手和通勤车手开始疯狂追捧单速自行车。

车座

车轮紧固螺母

飞轮

座杆

后刹车

后上叉

座管夹

过线座

座管

前拨链器

脚踏

中轴

链条

变速线

后拨链器

后下叉

其他把横类型

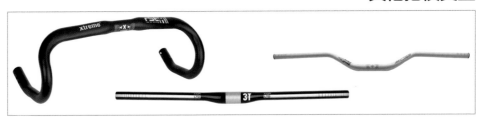

下弯把

*用于公路车、旅行车
和越野公路车（CX）。*

平把

*用于童车、通勤车
和山地车。*

燕把

*有多种类型和风格，用
于山地车和通勤车。*

变速拨杆

把立

上管

下管

牙盘

曲柄

前叉爪钩

快拆

气嘴

把横

刹车把手

碗组

头管

前刹车

前轮

辐条

外胎

前叉

车圈

花鼓

条帽

其他外胎类型

26英寸光头胎

*大宽高比外胎，几乎没有胎
纹，用于公路路面。*

700c公路外胎

用于公路车、通勤车和旅行车。

工具

选择工具是骑行之前至关重要的一步。每个骑车人都应该首先为自己配备一套应急修理工具，每次骑车都要携带这些工具，以确保能够应对路上遇到的基本问题。很多骑车人还会带一条备胎（内胎），和工具一起装到尾包里面，再带上一个便携气筒，这样就可以骑上车出发了。

　　基本的家庭修车工具还包括一些日常工具以及几种自行车专用工具。另外，还需要车辆清洗工具以及润滑油。修车时最好还能有个东西把车支起来。

　　高级家庭修车工具则包括很多专业和专用工具。其中，修车台必不可少。专业的家庭技师还会拥有调圈台。这里展示的大部分工具并没有包括骑车人通常已经拥有的基本工具。

通用工具

开口扳手

如果遇到磨损或锈住的螺栓和螺母，它是非常好的选择，还可以用于上紧传统的有牙舵管前叉的锁紧螺母。

螺丝刀

小号的十字头或一字头螺丝刀可以调节拨链器和刹车，大号的螺丝刀还可以用作杠杆。

小锤子

小号的平头或圆头锤就够用了，注意不要用锤子直接敲击任何自行车上的部分。

铜锤/软锤

可以不造成伤害地拆除某些零件。

钳子

钳子的用途很多，比如可以用于拉紧刹车线和变速线。

锥子和凿子

可用于逼出卡式轴承。

公制扳手组

从8mm到19mm。

钢锯

用于截断座杆或舵管。

套筒组（3/8英寸）

它虽然不是必要工具，但却能给很多工作带来便利。BMX车的脚柱和一些避震前叉只能使用套筒拆卸。

锉刀

非必需品，但可以用于打磨线管断口。

多功能小刀

用于切割把带、安装把带以及切断扎带。

划针

撬开被切断的线管非常好用。同样非常适合剔出螺栓头等凹槽内的污物。

基本工具

备胎

非必需品，但是比起在寒冷潮湿的天气里补胎，备胎显然更方便。

撬胎棒

小心使用，但非常紧的胎必须用它。

组合工具

有多种选择。很多组合工具都包含截链器。

这可能是最基本的骑行必备工具，把它们装在工具包里通常就能够应对绝大多数的骑行情况了，适合1~2个小时的骑行，即使出现最糟的状况，至少也能把车推回家。当然，你还要多带一只气筒。

哑铃扳手

永恒的经典。多功能扳手也是很好的选择，而且还能当作撬胎棒使用，但通常只有低端自行车才需要这些工具。

辐条扳手

有不同的规格，因此一定要选择正确的工具。

补胎工具套装

必备——出去骑车时一定不要忘了带。免胶补胎片是一种快速、可靠的修理工具，不过很多骑车人还是喜欢传统的补胎片。

气筒

必备——迷你气筒非常适合山地车使用，但是传统的标准尺寸气筒仍然是最好用的——当然你需要有地方带。

截链器

如果组合工具中有，则不必单独准备。

魔术扣

非必需品，但如果链条断了，就派上用场了。

基本家庭工具

碗组扳手

通常配合开口扳手使用，用于调节传统的有牙碗组轴承。

剪线钳

在所有自行车专用工具中，剪线钳可能是最常用的工具之一。可以考虑多花点钱购买一把优质的剪线钳，用得也能更久。

花鼓扳手

基本工具。这组五把扳手基本可以满足所有需要。

链条尺

检查链条磨损状况最简单最有效的工具。链条尺的种类很多。

六角扳手组

中高端自行车很少使用传统的螺母和螺栓，基本都采用内六角螺栓，因此，需要不同型号的六角扳手，包括圆头的六角扳手。

星形扳手组

最近几年，星形紧固件开始出现在自行车上，目前主要用于牙盘和碟刹片的安装紧固。图中这种折叠工具组携带非常方便。

截链器

重型截链器经久耐用，可以提供多年的优质服务。

曲柄拆除器

拆除方孔和花键曲柄的必备工具。花键曲柄工具的头略大，如果小心使用，也可以用方孔曲柄拆除工具代替。

飞轮拆卸工具

在塔基和卡飞出现以前，大多数飞轮都是通过螺纹旋进花鼓的。每家制造商都有自己专门的飞轮拆卸工具。图中的很多老式工具现在已经用不到了。

链鞭

配合飞轮拆卸工具使用。拆卸飞轮时，用链鞭固定飞轮，同时旋松飞轮盖即可拆掉飞轮。它是非常简单的工具，可以用一段金属棒和一段链条自制。

脚踏扳手

使用一把标准的15mm扳手就可以拆卸脚踏。但是，一般的扳手都比较宽，无法插入曲柄和脚踏之间，这时就需要专门的脚踏扳手。某些新款脚踏无法从正面拆卸，只能使用六角扳手从曲柄背后拆卸脚踏。

中轴工具

需要不同的工具拆卸不同规格的中轴。

辐条扳手

很不幸，条帽并没有标准的尺寸，因此需要选择最合适的辐条扳手。

高级家庭工具

盘钉工具

虽然有时可以使用宽螺丝刀，但是没有哪个工具能真正代替这个工具，特别是它的价格很低。

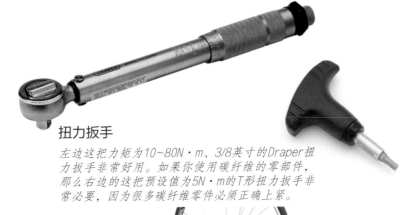

扭力扳手

左边这把力矩为10~80N·m、3/8英寸的Draper扭力扳手非常好用。如果你使用碳纤维的零部件，那么右边的这把预设值为5N·m的T形扭力扳手非常必要，因为很多碳纤维零件必须正确上紧。

中心定位量规

用于检查车圈相对花鼓是否居中。如果你有调圈台，将车轮架在上面，也能起到同样的检查效果。

叉管轴承面拔出器

如果经常更换碗组，则它是非常有用的工具。如今，很多碗组都采用独立的插管轴承面，很容易从舵管上取下。如果是这种情况，则不需要这种拔出器。

碗组压入器

这是个专业工具。对于家庭技师来说，如果有一根长的带螺纹金属棒、几个合适的旧套筒和大个垫圈，也可以自制代替。

调圈台

专业的调圈台很好用，但价格比较昂贵，这里我们使用了一段铝合金支架固定在一个折叠工作台上，即可代替专业调圈台。

游标卡尺

用于测量座杆直径、链条宽度以及头管直径。

辐条尺

如果你喜欢编圈或者要更换辐条，这个工具也是必需品。

大号套筒

专用的（1/2英寸）套筒可用于保养避震前叉。避震前叉上通常有非常浅的弹簧或阻尼止动螺母。操作时盖上一块薄布或一张纸巾可以防止滑脱或造成伤害。

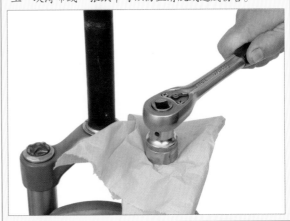

如何使用工具

学会正确使用工具能够避免自己受伤。松开任何紧固装置时，尽量朝向自己用力，而不要远离自己。拆装标准六方（六边形）螺栓时，一定要选择梅花扳手，而不是开口扳手，因为梅花扳手更不容易滑脱，优质的梅花扳手还能让六个面同时均匀受力。

　　拆装内六角螺栓时，一定要使用质量尽可能好的工具。必要的话，操作前先用小镊子或合适的清洗液清理操作面的污物，确保操作面完全咬合。这一点对于浅头的内六角螺栓特别重要。星形紧固件目前主要用在液压刹车系统和牙盘钉上，它们的头通常也是凹进去的，不过比内六角浅一些，用星形扳手拆卸时仍然需要清洁操作面。

　　拧多紧才算合适呢？最省事的方法就是使用扭力扳手。而如果在户外骑车，就要凭借自己的经验来判断了。如果自己不确定，请有经验的人帮忙检查。如果你有一个坚固的台虎钳，用它夹住一个旧的M3或M4螺栓，尝试把它拧碎——大多数新手都容易操作过度——这样你就能大概了解一下应该用多大的力量了。另外还要记住，关乎安全的零部件一定要使用扭力扳手锁紧到正确的扭力值。

　　如果某一个紧固件总是过一段时间就会变松，很可能说明这个紧固件该换了。也可以使用自锁紧螺栓（通常被称为"耐螺扣"）、弹簧垫片或适当的螺纹紧固剂加固。

　　操作刹车线、变速线及线管时，一把优质的剪线钳至关重要。它通常是家庭技师需要购买的第一件专业工具。由于需要经常使用剪线钳，因此尽量购买质量最好的。切割螺旋编织的线管后，要用锉刀将末端锉平。一些新型的线管在切割后，线管末端，特别是内管会被压扁，这时需要用一个小工具把它恢复原状。工程划针或一根旧辐条都是不错的选择。

1 操作标准六方螺栓时，一定要选择梅花扳手，而不是开口扳手。这样可以保证六个面均匀受力，而且也不容易滑脱。

2 拆装脚踏时，可以考虑在牙盘上垫一块布，万一划伤可是很疼的。

3 配置一套长柄的T形扳手会让工作更轻松。使用短柄扳手时，注意不要用力拧太紧。

4 如果你只有一套标准的六角扳手，而操作需要探得很深，可以在扳手的手柄上套一根管增加力臂。

5 三向六角扳手是技师最喜欢的工具，因为它上面有最常用的扳手尺寸。用它来做快速的日常紧固件检查最为适宜。

6 用一把小镊子清理内六角或星形螺栓的操作面，以确保操作面的完全咬合。

7 小号十字或一字螺丝刀用于调节拨链器的限位螺丝。

8 距离锁紧螺母50mm将线剪断。如果线散开了，按照缠绕的方向小心地缠好。

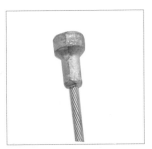

9 剪线后在末端安装线帽。如果没有，可以暂时使用强力胶。

10 线管末端需要装好线管帽。金属帽用于刹车线管，塑料帽用于变速线管。线管帽有时可以重复使用，不过首先要检查好。

11 变速线管比刹车线管薄。刹车线管一般是螺旋内管，变速线管的内部通常是一股平行的钢丝。

12 变速线的头是通用的，而刹车线头分几种。刹车线的两端一般都有头，应剪掉不用的一头。

骑前快速检查

作为一个合格的骑行者，首先要养成每次骑车前都对车况进行检查的好习惯，并且要先着重检查关乎安全的零部件。例如，水壶架松了最多造成不便，如果轮子松了就会造成灾难。

虽然这些检查项目（除了胎压）都不需要任何工具，但是兜里装一个组合工具能够在需要调节或锁紧时派上用场。

1 检查车轮钩爪部位的安全状况。

2 握住前轮的车圈，左右摇晃，检查轴承是否松旷。抬起前轮转动，倾听是否有轴承磨损所产生的噪声。

3 用同样的方法检查后轮。少量的松旷是正常的。

4 检查刹车块的磨损情况。

5 检查车圈刹车面的磨损情况。图中这个车圈已经严重磨损。

6 检查刹车块是否能完全接触刹车面。

7 碟刹自行车检查来令片的磨损情况。

8 检查碟片的安全状况。

9 检查辐条是否松脱或损坏。

10 检查刹车线及线管的磨损情况。图中这根刹车线应立即更换。

11 液压刹车的自行车检查油管的磨损情况。要特别注意固定油管的地方。

12 捏住前刹车，前后摇晃车身，检查碗组是否晃动。

13 检查把组的安装情况。固定住车轮，尝试转动车把。

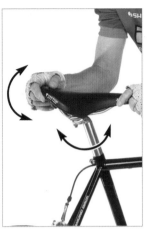

14 握住车座，检查是否牢固。

15 检查外胎侧壁的破损情况。图中这条外胎需要更换了。

16 检查胎纹的磨损情况，以及上面是否有异物。

17 检查胎压。

18 抓住曲柄，左右摇晃，检查是否松旷。

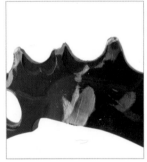

19 检查牙盘齿的磨损状况。图中这片牙盘有坏齿。

20 检查飞轮的磨损情况。

21 检查后拨链器的工作状态以及导轮的磨损情况。图中这只导轮需要立即更换。

22 带有避震前叉的自行车，检查是否漏油以及磨损情况。图中这根前叉正在漏油。

23 对于全避震自行车，检查转点的磨损情况。

车轮的拆卸

大多数自行车，特别是26英寸的山地类自行车，刹车臂一般都可以分开，使拆下车轮时宽大的轮胎可以通过刹车块。请参阅第3章了解常见刹车夹器的打开方法。如果是带有拨链器的自行车，应该选择最高挡位，即链条放在最小飞轮片上。对于内变速自行车，松开挡位线，具体方法详见第4章。

将车倒过来或者架在修理台上。如果车轮使用了快拆系统，打开快拆扳手，后轮向下一拉就可以拆下来。带有垂直钩爪（车架上安装车轮的位置）的山地车或者新款公路车很容易做到。如果钩爪是水平或接近水平的，拆车轮就有点麻烦了。如果是单速车或内变速自行车，你可能需要先把车轮向前推，让链条松开。对于外变速器自行车，只需要将链条从飞轮上摘下。

拆卸前轮需要先松开快拆杆，逆时针拧几圈螺母，让快拆杆和钩爪松脱。如果前轮使用的是筒轴，松开快拆杆后，取下轴承即可。

用螺母锁死的花鼓需要两个尺寸正确的扳手完成拆卸。松开螺母时注意中间是否有垫片。通常钩爪外侧各有一个垫片（如果使用法兰花鼓螺母，则没有垫片），内侧也可能有垫片。

如果是垂直钩爪的车架，重新安装车轮很方便，因为车轮会自动居中。如果是传统半水平钩爪的车架，安装时必须矫正车轮，即向后拉车轮，从正后方向五通方向查看，确保外胎位于后下叉的中间。

如果是单速车或内变速车，你需要在矫正车轮的同时调整链条的张力。这个工作并不简单，而且很耗时间，特别是如果你的车轮还是用螺母锁紧的。

螺母锁紧车轮的拆装

1 首先，将链条变挡到最小飞轮，然后旋松两边的螺母3~4圈。锁紧螺母内侧应该有带小齿的垫片，用于抓紧车架。如果你车上的螺母使用普通垫片，请换成这种螺母。

2 将变速器向后拉，使拨链板移开。将车轮沿着钩爪滑出，有时可能比较紧，可以用闲着的一只手轻推。

3 车轮滑落时会带着链条。这时让后拨链器恢复原位，尝试将车轮取出。如果车轮还出不来，用手指拉开链条即可。

4 安装车轮时，首先还是将拨链器向后拉，然后将最小飞轮片插入上面的链条。抬起车轮，让飞轮移动到后拨链器上面，带着链条进入钩爪。

5 快速检查车圈是否居中，将轴抬起，让它进入车架。将车轮向后拉到钩爪的中间位置，确保不会影响后拨链器，然后用手指拧紧螺母。在最后上紧之前检查车轮是否居中。

6 对于单速自行车，先旋松螺母，然后将车轮向前推，让链条松弛，然后从齿盘上取下，向后拉车轮，将链条从飞轮上取下。

快拆锁紧车轮的拆装

1 松开快拆只需要两根手指就可以完成。用拇指扣住快拆杆扳手，用力向外扳。克服初始的锁紧力后，松开的快拆扳手会自动下垂。

2 松开快拆杆后，车轮会立即掉下来。不过，如果安装不到位，则需要逆时针转动螺母几圈，使车轮松脱。

3 安装时，可能需要稍微分开前叉腿才能夹住花鼓两端。必要时，先拧进螺母，使快拆杆已经基本咬合后，再闭合快拆杆扳手。

4 快拆扳手闭合的前半程几乎不需要多大力气，而后半程需要逐渐增力，最后的锁紧更需要很大的力气。如果不是这样，说明没有锁紧。快拆扳手闭合时应该朝后。

碟刹车轮的拆装

安装车轮时，确保来令片位置正确。某些碟刹的来令片在拆装车轮时可能合在一起。如果在拆卸之前误捏了刹车，则需要把来令片推回到卡钳里。这些操作需要使用一字螺丝刀，注意操作时不要损伤刹车面。

BMX车轮

如果你有一辆BMX自行车，前轮或后轮还装有脚柱，则需要一个套筒和一根延长柄才能够到车轮的螺栓。

螺母锁紧车轮的安全系统

某些螺母锁紧的前轮，都有一片泪珠形的垫圈，一部分可以装进钩爪。在完全锁紧花鼓螺母前必须正确安装这个小零件。

另一种则使用锯齿状的垫圈系统。分别有一个垫圈放在螺母和钩爪之间，锯齿面（A）接触螺母。第三个要放在钩爪的内侧，钩爪和花鼓之间锯齿面接触花鼓面，凸耳面（B）接触钩爪。

什么时候需要这么做：
- 扎胎时。
- 车轮需要修理或轴承需要保养时。
- 调节链条张力时。

耗时：
- 拆除快拆前轮需要2分钟左右。
- 拆除带变速器的快拆后轮需要5分钟左右。
- 拆除螺母锁紧前轮需要5分钟左右。
- 拆除螺母锁紧后轮并调节链条张力需要10分钟左右。

难度：🔧🔧🔧
- 前轮操作比较容易，但是拨开链条，使后轮穿过后拨链器有点复杂。
- 调节单速或内变速车的链条张力需要花一定的时间。

外胎与车轮的养护

将自行车倒过来，用力转动前轮，前轮应该转动顺畅，几乎没有噪音。如果很快就慢下来，或者有噪声，很可能是轴承出了问题（详见第6章）。以同样的方法检查后轮，不过，由于飞轮的原因，后轮不会像前轮一样转动顺畅。碟刹自行车的来令片通常会蹭碟片，从而产生噪声。

然后，分别抓住前后轮，左右晃动，检查是否有旷量。标准的滚珠轴承车轮允许存在少量晃动，密封轴承则不应该有任何旷量。

接下来，用拇指轻轻抵住车圈，慢慢转动车轮，仔细观察车圈经过手指的情况。车圈如果变形会很容易看出来，注意不要被外胎侧壁的晃动所影响。如果不确定，拆下外胎（见下一部分），装回车轮，再次检查。

如果车轮龙了，接下来就要检查辐条。从气嘴处开始，检查有无破损或松脱的辐条。松脱的辐条应该上紧，矫正车轮。详细过程请见第6章。

同样，从气嘴处开始检查车圈是否有裂纹和损坏。仔细检查刹车面的磨损情况。经过一段时间的使用，刹车面会凹进去。如果感觉某一部分有磨损，用力在上面摁，严重磨损的表面在中等压力下就会变形。不过，全面的检查还应该取下车胎进行。必要时，使用尼龙材料的百洁布清洁刹车面，去除上面的异物。

最后，检查外胎上有无裂纹。清理卡在外胎内的异物。要特别注意外胎侧壁，特别是700c的外胎，通常在磨损前就已经开始老化了。有时可能需要放气后才能看出侧壁是否有破损。

外胎与车轮的检查

1 使车轮离开地面，快速转动，检查车圈经过刹车块时的情况。对于碟刹自行车，握住前叉或车架，用拇指做标杆检查车圈，车圈如果不圆很容易就能发现。

2 如果外胎转动不均匀，放气后重新充气，确保胎唇与车圈正确咬合。然后，不论外胎在转动时是否均匀，都用拇指和食指按压每对辐条，检查辐条张力。

3 检查胎面，用小号螺丝刀清理胎面上的异物。要特别注意比较深的纹路里有无裂口，如果有较大的裂口，无论里面是否磨穿，都应该考虑更换新胎。

4 胎壁颜色应该均匀，从车圈到胎面之间应该是一层没有破损的橡胶层。如果露出编织层，或者出现割痕或剥离，放掉气，检查破损的严重程度。

5 用手指转动轴心，让车轮转起来。应该感觉车轮转得很润，如果有涩的感觉，重新上油。如果车轮转动正常，将它平放在地上，在轴心和花鼓之间滴几滴润滑油。

6 使用百洁布可以轻松去掉车圈刹车面的异物。

打气

1 法嘴首先要去掉防尘盖，旋松顶端的螺母。用手指向下轻按（如果胎内有气，你会听见放气的声音），然后安装气筒。

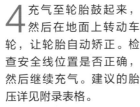

2 美嘴常见于26英寸的自行车。这也是所有轿车的轮胎气嘴标准，所以如果你有汽车用的气筒，也可以给自行车充气。注意不要使用高压气泵给美嘴内胎充气，否则很危险。

3 大部分气筒直接插在气嘴上就可以用了。如果气筒的接头插入不够，则可能漏气。如果有问题，可以将一根手指按在气嘴或辐条上，用手辅助气筒接头。

4 充气至轮胎鼓起来，然后在地面上转动车轮，让轮胎自动矫正。检查安全线位置是否正确，然后继续充气。建议的胎压详见附录表格。

5 充气后，查看气嘴是否与车圈垂直。法嘴（以及某些美嘴）内胎的气嘴上有锁紧环，用拇指将其拧紧。注意不要拧太紧，否则容易造成扎胎。装回防尘盖。

气筒

1 使用落地气筒打气很轻松。如果你有好几辆车需要保养，这种气筒必不可少。

2 大多数落地气筒都有两个接头，分别对应美嘴和法嘴。

3 迷你气筒通常是双向的，推拉都是充气。老式的便携气筒很难给公路车提供充足的胎压。

外胎的更换

要更换外胎时，你会发现26英寸和700c自行车车胎市场中有太多选择，20英寸的BMX车胎也有很多种，不过童车的外胎种类却很有限。

如果你的自行车只是在夏天偶尔骑一次，就没必要使用最先进的、凯芙拉边或竞赛级外胎。这种用途的自行车更换车胎通常是因为轮胎老化，选择市场上的低端产品就完全可以满足要求了。

对于经常使用的自行车，购买一对优质外胎是很值得的。好的外胎通常有凯芙拉编织层，具有防穿刺功能。不同用途的外胎所使用的橡胶材料不同。公路类外胎通常只有很浅的胎纹或者完全没有胎纹；通勤车外胎胎面的中间是细胎纹，两边则有不同的明显胎纹，这样的设计既能保证前进时的低滚阻，也能增加过弯时的抓地力。

山地车外胎的选择种类更加繁多，从细纹的公路类车胎到大宽颗粒的泥地胎，细分起来种类多得令人咋舌。

更换新外胎时，最好同时更换内胎。内胎的尺寸应该匹配外胎，所以确保你购买的内胎能兼容你的外胎。

如果可能，安装新外胎时不要使用撬胎棒。某些车圈和外胎组合起来会非常容易，另外一些则很费力，有时不得不使用撬胎棒把最后一部分撬进去。还有可能外胎无法正常安装到车圈上，这通常是由于外胎和车圈制造过程中的差异所引起的。试想，如果在温暖的屋里都很难把胎装上，那么风雪交加的冬季该怎么办呢？

外胎的拆卸（扒胎）

1 这条外胎已经磨损，应该更换了。先取下气嘴的防尘盖。如果是法嘴，拧松顶端螺母，按下去；如果是美嘴，用一个尖锐的东西，例如撬胎棒的边缘按下中间的阀门，把气放掉。

2 将两边的胎唇向车圈中心推挤。然后，用一根撬胎棒钩住车圈的边缘。如果车胎很松，可以将撬胎棒沿着车圈滑动一周，同时把胎唇推出。如果胎很紧，将撬胎棒的另一端别在一根辐条上，距离10cm再插入另一根撬胎棒，这时胎唇应该能够撬到车圈外面了。如果还不行，距离再远点插入第三根撬胎棒。

3 当胎唇出来后，使用撬胎棒或徒手将其余的胎唇也翻出来。

4 从外胎里面把内胎拉出来。

5 在气嘴的位置，将气嘴向外推出车圈，从另一侧拔出。

6 现在将外胎从车圈上拉下来。可能还需要撬胎棒帮忙。

7 现在检查胎垫和车圈的情况。单层壁的车圈，检查辐条是否凸出，必要时将凸出的头锉掉。

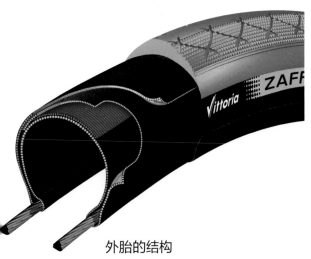

外胎的结构

这是一条维多利亚全天候700c公路车外胎，采用多层结构。表层下面的十字编织的芳纶纤维能够提供防扎胎保护功能，适合在干燥或潮湿的环境中使用，并且有多种颜色和尺寸可选。

胎壳与胎垫

外胎需要更换，通常不是因为磨损而是因为橡胶老化了。橡胶首先从侧壁开始老化，因此每次应该首先检查这里。

这条外胎还可以再用几次，但是已经老化的侧壁和剥离的编织线说明马上就需要更换了。

左边这条山地胎的胎面已经磨损，虽然仍然可以在公路上使用，但是已经过了最佳越野使用期。可以和右边的新胎作对比。

塑料胎垫可以多次使用，但是很多骑车人仍然喜欢老式的布胎垫。

安装新外胎

1 很多外胎都是有方向的，请在侧壁上寻找箭头。箭头的方向应跟车轮滚动的方向一致。将外胎的一边套在车圈上。

2 给内胎少量充气，使其能成为圆形。

3 在气嘴孔的位置，将外胎推到另一边，将气嘴穿过气嘴孔。如果外胎上有明显的图标，转动外胎，使气嘴和图标位于一条直线上，方便以后寻找气嘴。

4 从气嘴开始，将内胎塞进外胎里。然后用拇指将另一侧胎唇推进车圈，最后1/3部分的胎唇推起来比较费力。

5 现在拉伸外胎，将已经装上的部分逐渐推向未装上的部分。

6 如果外胎松弛了，将剩余的部分推进车圈。反复操作，最后一部分借助撬胎棒装上。

7 检查胎唇是否正确安装好。气嘴一定要垂直于车圈。

8 稍微给内胎充气。检查外胎是否装正。继续充气。在硬地面上转动车轮，使外圈完全进入车圈，然后将气充到正确的胎压。

补胎

补胎时需要拆下车轮，取出内胎。有时很容易找到扎胎的位置，不过更多情况下不太容易找到。可以先给内胎充气，然后将内胎靠近耳朵，听漏气的声音。

最有效的方法就是将充了气的内胎放进一盆清水里，查找从破口出来的气泡。从气嘴处开始，慢慢转动内胎，擦掉由于转动内胎所产生的气泡。如果你要找的是造成慢撒气的小孔，还需要点耐心，因为气泡形成得比较慢。拉伸或挤压水中的内胎通常会有帮助。如果是慢撒气，可以注意一下以前修补过的位置。

找到破口后，查看外胎相应的位置。小心地用手在外胎内侧滑动，感觉有无尖锐的地方。检查胎面，查找裂口以及其中的异物，若有异物，将其取出。可以用镊子等工具将刺状物拔出来，或者推进去，从外胎内侧取出。

如果扎胎的地点离家很远，简单的处理方法就是换一条新内胎，稍后再修补。如果必须在路边修理，可能需要找一个小水塘或者将水壶中的水滴在可疑的地方。

一条内胎能补多少次？补胎毕竟比买一条新胎便宜，不过，补过6次以上的内胎就应该更换了。很多骑车人会把补胎作为一种临时的补救措施，回家后会立即更换新胎。然而，只要补胎方法正确，补过的内胎也和新的一样，扎一次就将内胎扔掉是一种浪费。

近几年，市场上出现了免胶补胎片。它的第一代产品并不好用，不过最新款已经做到使用简单方便、粘接牢固了。除此以外，市场上还有多种补胎液，将它们注入内胎中，扎胎时它们会自动修补破洞，非常有效，不过唯一的问题是如果它们失效了，你必须采用原始的方法补胎，而且补胎液从内胎破口流出后，补胎片很难将破口粘牢。

当然，不用内胎也是一种省事的办法，即选择真空胎。市场上有多款这种产品。用密封条密封辐条孔，并在外胎内添加补胎液。如果你的车轮非常好，或者你骑车的地方经常扎胎，真空胎还是很值得考虑的。例如，有很多燧石片的白垩纪地表的路况非常容易造成扎胎。

补胎工具包

现在的补胎套装中的补胎片一般都采用薄边补胎片。某些套装中还包含一片外胎补胎片。免胶补胎片高效、轻量。高级些的可能还带有强力外胎补胎片。

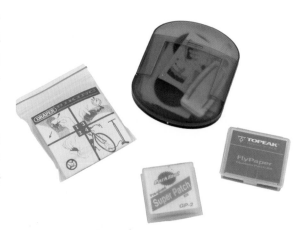

典型的扎胎

这个典型的小孔是被刺或尖锐物体扎了之后形成的。取出内胎后，需仔细检查外胎的内侧，最好戴手套。去除异物后，再次检查外胎表面是否有其他损伤。

这是典型的"蛇咬"双洞，是由于车轮下落时，内胎被挤在外胎和车圈之间造成的。出现这种情况，通常需要考虑更换更宽的外胎、增加胎压或者使用真空胎。

补胎

1 找到扎胎的位置后，将内胎与外胎对齐，这样可以帮你找到如钉子或刺的位置。

2 这是个典型的扎胎，胎上的刺很可能来自冬天修剪过的篱笆。

3 在孔的周围涂上薄薄一层胶水，并晾干。注意不要着急，让胶水变干是成功补胎的关键之处。

4 在等待胶水干的同时，在外胎上检查扎胎的原因。使用撬胎棒的边缘将异物推出或从外面拔出。

5 当胶水干后，撕掉补胎片的薄金属片，将橡胶片贴在小洞上，从中心开始用力按压。

修补外胎

　　修补外胎的方法和内胎一样。有些补胎工具组合中可能提供强力外胎补片。如果你在外面骑车时外胎扎破了，又没有补胎片，通常可以使用路边的丢弃物临时修复。例如，从塑料饮料瓶或者厚塑料袋上剪下一块作为补胎片修补，都可以让你继续将车骑回家。

6 拉伸或折叠补胎片，使表面的薄膜翘起，然后撕下来，同样从中间开始撕。

传动系统的清洁与保养

链条需要细心的保养。多久清洗并润滑一次链条主要看你的车型和骑行风格。带有全封闭链罩的城市车大概每年检查一次，而山地车每次越野回来都要检查链条并上油，特别是冬天。

公路自行车建议每400英里（1英里=1.609km）清洗一次链条，不过也要根据骑行的路况适当调整。如果你只在干燥的环境中骑车，请使用干性链条油，这样可以减少很多麻烦。

检查链条的最好方法就是买一把链条尺。这种工具并不贵，使用它可以准确地知道链条磨损的程度。如果链条尺指示链条已经磨损，必须立即更换，否则，可能需要更换的就是整个传动系统。

清洗链条的最好方法无疑是把它取下来浸泡在专用的清洗剂中。你可能需要重复几次才能彻底洗干净。如果链条有可拆卸的链节，拆卸就很容易，不过Shimano的链条拆装并不方便，因为安装时你需要一根新的链销（详见第4章）。

最常见的链条问题（除了磨损）就是死节。这种链节经过导轮时会卡顿，如果使用大齿比，还可能造成跳齿。死节需要使用链条工具修理。

变速自行车的后拨链器通常都有一个小的调节螺母（Shimano的影子后拨链器除外），还有一些产品在变速手柄末端也有类似的装置。在进行调节之前，检查变速线管和后拨链器的位置是否正确。导轮架应该和飞轮片平行，否则变速肯定不准。接下来，使用中等齿比骑行，如果听到链条摩擦旁边飞轮片的声音，说明需要调节变速装置。逆时针拧调节螺母会增加变速线的张力，使拨链器向左移动；顺时针旋拧则会减小张力，拨链器向右移动。每次调节量不要太大，并进行多次试骑，直至问题解决。

如果你的问题是链条从飞轮上掉落，说明需要调节限位螺丝（两个）。这两个螺丝旁边会标注H和L。具体调节方法见第4章。

链条的保养

1 这种洗链器配有一罐可生物降解的清洗剂。

2 将洗链器固定在下面的链条上，逆时针转动脚踏。

3 使用链条尺测量链条的磨损情况。这根链条需要立即更换。

4 辨认死节的最好位置是导轮处。

5 使用截链器矫正死节。

如何使用变速

　　低齿比用于爬坡，中齿比用于加速和巡航，高齿比用于全速前进。一条基本原则是，使用中低齿比轻松地踩踏，不要使用高齿比用力踩踏。

　　大多数变速系统都在变速杆处装有指示窗，你可以直接读出当前的挡位，不过，如果能根据感觉判断，要比经常低头看方便得多。记住，后面的小飞轮是高挡位，前面的小齿盘是低挡位。尽量避免使用最大或最小挡位。例如，在三片牙盘的自行车上，应该避免前面使用大齿盘，后面使用大飞轮。如果前面使用中齿盘，后面使用偏小的飞轮，传动系统的压力会小得多，而且如果你这样做，有效齿比并没有什么变化。

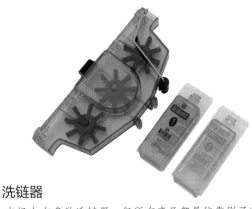

洗链器

市场上有多种洗链器，但所有产品都是依靠刷子和滚轮清洁链条的。有一些需要用手把持，还有一些用导轮固定位置。它们工作时都需要先注入清洗剂。由于洗链器的储液槽很小，因此需要经常更换清洗剂。虽然它们非常有效，但是也无法超越拆下链条浸泡的效果。

后拨链器

1 当变速系统需要调节时，首先找到调节螺母。

2 连接后拨链器处的变速线往往造成变速不准。松开变速线，将其从线管中取出。

3 将线擦拭干净，润滑，重新装回。变到最高挡位，拉直变速线，重新锁紧。

4 将后拨链器变到中间挡位，检查链条的位置。链条应该卡在中间一片飞轮的齿上。必要时使用调节螺母调节。如果中间挡位正确，其他挡位应该也是正确的。某些非常细微的调节工作可能需要在试骑后才能进行。

清洗自行车

在泥地或雨天里骑车后，首先要做的就是清洗自行车。如果时间允许，尽快清洗掉表面的泥巴和污物。如果已经放置了一天以上，就得先用刷子刷，然后再用清水擦洗。首先弄些水渗透污泥，趁这个时候准备好刷子和清洗剂，然后开始清洗。你至少需要一只水桶、一块海绵和一把刷子。最好能购买专用的清洗刷（或一套工具），方便清洗犄角旮旯。

用清水将泥洗掉后，清洗链条并除油（见上文）。购买市场上的任意一种自行车专用清洗剂都可以把粘在车上的顽固污渍洗掉，不过在使用之前一定要阅读包装上的说明，因为很多清洗剂要求在使用前稀释。

很多骑车人不喜欢使用高压水枪清洗自行车，如果你不介意，其实这种方法还是很好用的，只要记住，不要直接向轴承处喷水就可以了。不过可以用最高水压放心冲洗的地方也只有外胎和车圈。

冲洗完车轮后，使用百洁布清理车圈上遗留的异物。碟刹自行车要用专用的碟刹清洗剂仔细清洗刹车处。

市场上有多种清洁产品。注意不要让含有硅元素的清洗剂接触刹车表面。

专业的清洗刷当然最好，但是旧牙刷也非常好用。

专用碟刹清洗剂

这种专业清洗剂可以除去碟片上的污物，还可以去掉漆面上的刹车油。如果你的液压刹车系统使用了机动车使用的DOT类刹车油，是会腐蚀漆面的。它也可以用于深度清洁圈刹车轮的刹车面。

清洗自行车

1 如果你的自行车也像这辆一样脏，那么请先用软毛刷刷掉大块的泥巴和污物。

2 先用清水将车冲洗一遍，这会去掉大部分泥土。

3 使用专用的自行车清洗剂，去除残留的污泥。

4 这把专用的刷子是用来清洁飞轮和齿盘的。

5 百洁布可以用来清洁车圈刹车面。

6 一瓶标准的汽车洗车香波和一把旧清洗刷也可以代替专用工具。

7 用清水冲掉清洗剂。如果车特别脏，可能还需要用清洗剂再洗一次。

8 使用喷装产品将清洗剂喷到传动系统上，然后用干净的布擦干。

快速润滑流程

传动系统是自行车上最重要的部分，需要经常检查、润滑。前轮经常会甩泥，然后粘在上过油的链条上，并逐渐进入链节和链轮齿。因此，一定要重点关注传动系统，必要时，先清洗，再润滑。

多久润滑一次传动系统（和其他零件）要看你骑车的频率和环境。冬天对润滑的要求比夏天高。一辆不经常骑，平时存放在外面的自行车，每次骑之前都应该润滑。真正的越野玩家每次骑行回来都会对自行车进行清洗、润滑。

现在市场上的润滑油琳琅满目。链条油也分为湿性的和干性的。大部分商家都称自己的润滑油是高科技产品，添加了各种物质，还有些甚至称使用了纳米陶瓷化学物质，还有的说含有特氟龙表面保护成分。当然，他们说的都是真的，不过，对于普通骑车人来说，每种产品的差别并不大。通常，干性链条油是最好的选择。这种润滑油在渗入链节后，溶剂会蒸发，保持链条表面的干燥。它的好处就是防止尘土粘在链条上。

其他润滑点也都不需要什么高科技物质，通用润滑油就可以。

润滑

1 优先润滑链条和链轮，但不要润滑脏的传动系统。

2 给转点上油。松开弯管，彻底润滑。你可能需要用喷剂冲洗弯管。

3 吊刹需要润滑两个转点和掉线紧固点。

4 后拨链器的转点需要少量润滑，也可以在调节螺母上滴一小滴润滑油。

过线座和线槽

大部分现代自行车都有过线座。可能的话，将线管抽出，润滑缆线。

5 导轮需要用链条油润滑。

6 前拨链器的转点需要润滑。

7 刹车把手的转点也应该润滑。可能的话，取出缆线，滴上润滑油，然后抬起来，让油顺着缆线向下流。

8 所有曝露的缆线都应该润滑。可能的话，将线管从过线座中取出，润滑缆线。

第 3 章
刹车系统

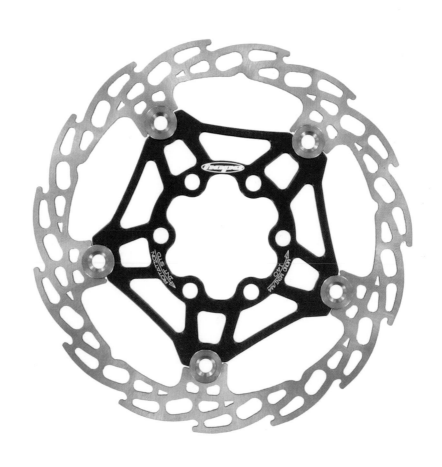

刹车的类型

这里展示的所有刹车，虽然设计各不相同，但是工作原理都是用刹车块挤压刹车面。刹车效果依刹车块施加到车圈或碟片的力量，以及刹车块的材料而定。刹车块的材料各不相同，磨损速度也有差异。

为了达到最好的刹车效果，购买新的车圈刹车块时一定要搞清楚其所用的材料。大部分车圈刹车块都是由各种聚氨酯复合材料制造的。使用这种材料的刹车块刹车效果好，且磨损率低。

碟刹使用的来令片也有多种材料，通常分为金属的和有机的。这两大类还可以细分成数个小类，每一类都有特别的属性，用于不同的用途。一般的原则是，有机来令片可以用于大多数环境下的一般用途；而金属来令片更硬，寿命也更长，适合用于比较苛刻的环境。

不要忘记，无论是圈刹还是碟刹，刹车表面也会磨损，只不过没有刹车块或来令片那么快，不过还是越磨越薄，最终会毫无征兆地破裂。作为预防措施，每次更换新的刹车块时应顺便检查一下车圈，如果车圈磨损了，要更换车轮。如果车轮质量很好，也可以考虑只更换车圈。碟刹则要检查碟片的厚度。碟片上可能会标记最小使用厚度，如果没有，请咨询制造商。

双轴刹车

双轴刹车目前主要用于公路自行车和轻型旅行车上。每只刹车臂独立运动，正确安装后，几乎不需要保养。大部分产品都有快拆装置，方便装卸车轮。所有产品都支持刹车块高度调节，以适应不同品牌的车圈。

花鼓刹车

花鼓刹车主要用于城市车或通勤车。它们通常装备倒刹系统，并且很多车都配备了花鼓变速和花鼓发电车灯。这是一种对保养要求非常低的刹车系统。

吊刹

吊刹一度非常流行，现在基本被V刹所取代。它重量轻，而且刹车力强劲，目前仍然能在老式的旅行车和山地车上看到。

侧拉刹车

这种刹车系统从最便宜到最贵的自行车上都能看得到。低端市场的刹车质量低劣，高端市场的则强大、简洁。除了最低端的产品外，这类刹车都带有快拆装置，用于快速装卸车轮。

V刹

V刹目前是低端山地车和很多通勤车的标准配置。它可以兼容很宽的外胎，只要正确安装，刹车力非常强劲。高端产品还带有刹车块平行操作系统，使刹车块与车圈的相对角度不会发生变化。

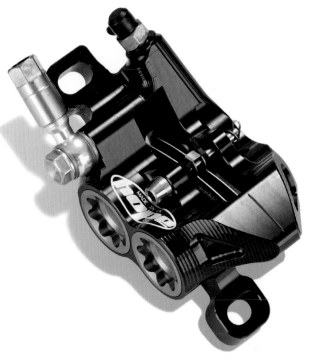

碟刹

碟刹最初只用于山地车，现在也在通勤车和旅行车上流行起来。其保养需求低、刹车力强劲，可分为液压碟刹和机械碟刹。它不会受到弯曲变形的车圈的影响。

检查与润滑

对于缆线式圈刹，在刹车块开始接触车圈之前，线总是比较松弛的。这是因为车圈和刹车块之间需要有一定的间隙。随着刹车块接触车圈，刹车线管也会被压缩。只要调节正确，在刹车把手碰到把横之前，刹车块应该已经完全压在刹车面上了。

随着刹车块的磨损，刹车把手的行程也会增加。一旦刹车把手必须非常靠近把横才能刹车，就需要调节了，也有可能需要更换刹车线。由于所有的圈刹（除了平推V刹和液压圈刹）在操作时，刹车臂都呈弧线运动，因此刹车块磨损后，还要注意是否需要调整刹车块的位置。刹车块调节不正确，可能会接触辐条，造成严重后果。

液压碟刹不存在上面这些问题。由于品牌和设计的不同，其行程的差异会非常明显。很多液压碟刹产品现在都可以调节刹车把手的初始位置和咬合点（来令片开始接触碟片之前的行程）。

测试、检查、调节

1 捏下刹车把手，查看刹车行程，如果刹车把手接触到把横，就应该注意了。便宜的刹车可能永远没有坚硬的感觉，总感觉有点软。接着检查把手的转点和安装夹环，还要检查刹车线和线管的破损情况。

2 检查刹车块的污损状况。大多数刹车块上都有最小厚度标记。如果刹车块稍稍偏离了车圈，使用一段时间后，上面会磨出一道楞，用刀子和锉把表面磨平，只要还有足够的刹车材料，就可以继续使用。

3 对于平把和燕把自行车，刹车调节螺母的位置在刹车把手末端。松开夹环，逆时针拧调节螺母，拉直缆线。不要将调节螺母完全拧出来，至少要保证有4圈螺纹咬合。锁紧夹环。注意锁紧环、调节螺母和刹车把手上的凹槽不能在一条直线上。

4 对于公路自行车和其他自行车，调节的位置在夹器上。松开锁紧螺母，逆时针拧调节螺母，使刹车块靠近车圈。对于吊刹，可能要调节缆线锁紧的位置或刹车块的位置。

5 对于液压碟刹，可以调节刹车把手的位置和咬合点。检查刹车和卡钳的安装点。碟刹刹车时产生的热量容易导致螺栓变松。这些螺栓应该使用螺纹紧固剂或锁紧垫片来防止松动。

6 对于液压刹车，捏下刹车，检查是否漏油。还要特别注意油管的安全，检查油管是否有破损。

刹车的润滑

1 如果车架上有过线座，将线取出，取下线管。你可能需要打开快拆才能松开线。润滑内缆线，上下滑动线管，让油进入管内。对于吊刹或V刹，润滑回弹弹簧和转点。

2 对于吊刹，润滑前后转点。在刹车吊线架上涂少量油脂可以防止缆线粘连，有效防止噪声的产生。

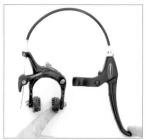

3 对于V刹，润滑前后转点。由于弯管的特殊形状，刹车线很容易在里面变僵硬；因此，松开弯管，将它滑到旁边，让管内的线曝露，清洁并润滑刹车线。

4 对于双轴刹车，润滑两个转点、安装螺栓以及夹线螺母。如果是下弯把自行车，翻起手变头胶皮，润滑里面的转点。

油

油和刹车表面不能接触，因此润滑刹车时一定要小心，尤其使用喷雾状润滑剂时要特别小心，或者坚持使用传统的罐装或瓶装润滑油。为了防止油滴落或溅到车圈或刹车块上，可以在刹车下放一块干净的布。完成工作后，也要用干净的布擦拭刹车。

5 对于碟刹自行车，润滑刹车把手的转点。如果活塞不回弹，拆掉车轮和来令片，小心地少量润滑曝露的活塞，然后将活塞推回卡钳内，重新安装来令片和车轮。

刹车表面

车圈也会磨损，因此应该把检查车圈作为检查刹车系统的一部分。所有的新车圈，刹车面都是平的，随着使用会磨成弧形。某些车圈上面有磨损指示线，磨到这条线就应该更换车圈了。快速的检查方法就是用一个带直边的物体放在车圈上，查看磨出弧形的严重程度。如果你能用拇指按动车圈刹车面，基本可以说明是更换的时候了。

安装新刹车块时，一定要了解车圈的材料。如今，大部分车圈是铝合金材料的，但是，电镀钢圈也可能出现在便宜的自行车上，而且BMX车仍然流行使用钢圈。某些车圈的刹车表面有一层陶瓷涂层，目的是改善潮湿环境的刹车性能。每种车圈都要求使用不同材质的刹车块，购买时要注意。

刹车快拆

1 V刹如果安装正确的话，松开弯管时应该需要点力气。通常，同时向里推刹车臂，再取出弯管会比较容易。

2 对于吊刹，压紧两侧刹车臂，松开吊线架。如果无法松开，可以先尝试顺时针拧调节螺母，释放缆线的张力。有些自行车在刹车把手下面或夹器安装螺栓后面还有调节装置。

3 大多数单轴或双轴刹车在刹车线锁紧的地方都有一个凸轮。转动凸轮，刹车块可以远离车圈。

4 部分公路自行车的刹车在刹车把手上有快拆装置。这个Campagnolo手变上面有一个按键，在第一次捏下刹车时它会自动复位。

V刹

第一代的V刹是由Shimano公司研制开发的，用于取代山地车的吊刹和U刹。现在V刹已经成为所有山地车以及很多旅行车和通勤车的标准配置。"V刹"据说是继Shimano公司研发U刹之后的新一代产品，故此得名。U刹也是一种吊刹，安装在后下叉上，最早见于山地车和BMX车上。

V刹属于直动或线性刹车，即刹车把手的移动量和刹车块的移动量是相同的。这种刹车力道强劲、保养要求低，可以兼容不同的外胎尺寸。它是任何吊刹自行车最简单的升级内容，不过升级前要注意下面几点：安装柱中心的间距应该为80mm，必须与刹车把手兼容，不会碰到自行车架或挡泥板。

刹车线和刹车块的安装详见后文。

V刹的拆装与调节

1 松开锁紧螺栓，拔出橡胶套；松开弯管，拔出刹车线；然后拆掉车轮。

2 拧下安装柱。清洁车架上的转点。大多数转点就是用于拧紧车架安装座的，因此要注意检查它们的安全状态，把松的转点拧紧。

3 清洁V刹，检查回弹弹簧的状况；用少量油脂润滑转点。

4 安装刹车臂。弹簧必须安装在刹车座中间那个孔中。

5 重新安装螺栓，尽量将螺栓锁紧到正确的扭力。将弹簧的长臂别在刹车臂上，检查回弹效果。

7 松开弯管，装上车轮，重新装回弯管。如果装不进去，需要松开锁死螺栓，放进部分刹车线，直至弯管可以正常装上或松开即可。

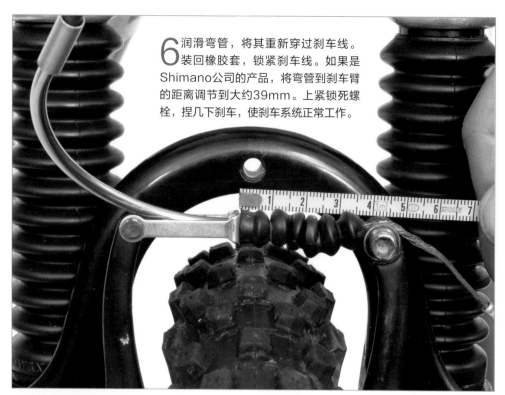

6 润滑弯管，将其重新穿过刹车线。装回橡胶套，锁紧刹车线。如果是Shimano公司的产品，将弯管到刹车臂的距离调节到大约39mm。上紧锁死螺栓，捏几下刹车，使刹车系统正常工作。

8 装上车轮后，刹车块应该平衡。可以通过张力螺丝调节刹车块与车圈的间隙。如果不行，相应地将弹簧变换到车架刹车座的上面一个或下面一个孔中。

刹车把手

　　刹车把手的角度是可以调节的。具体的角度主要看个人喜好，不过要避免手腕过度弯曲。可以坐在车上，伸直手臂，手放在车把上，身体保持正常的骑行姿势，按照这时手的角度调节刹车把手。

　　大多数刹车把手都能调节把手的行程。一般是通过一颗小平头螺丝。旋拧这颗螺丝来调节把手行程的远近。调节的目标就是让手的姿势尽量自然。

什么时候需要这么做：
- 升级吊刹。
- 刹车臂不回弹（不包括刹车线粘连或破损的情况）。

耗时：
- 完全清洁、拆卸、升级需要大约2小时。

难度： 🔧🔧
- 正确安装刹车臂需要些时间，特别是你想将Shimano公司的V刹调节到推荐的39mm距离时。

吊刹

吊刹曾经非常流行，后来被V刹取代，但目前还能在很多自行车上看到，尤其受到旅行车以及一些越野公路车（CX）厂商的钟爱。早期的吊刹产品采用一根独立钢线连接两侧刹车臂，刹车线通过一个吊线架连接这根线。后来的产品，主刹车线连接一侧刹车臂，连接钢线从主线分出来，连接另一侧刹车臂，详见图示。

采用连接钢线的吊刹，需要调节主刹车线，使分线恰好对齐安装标记。这样可以保证最大的刹车力，保证线与车圈有足够的间距。对于独立钢线类的吊刹，可以调节连接钢线的长度。这样可以改变刹车块的力臂，微调刹车手感。

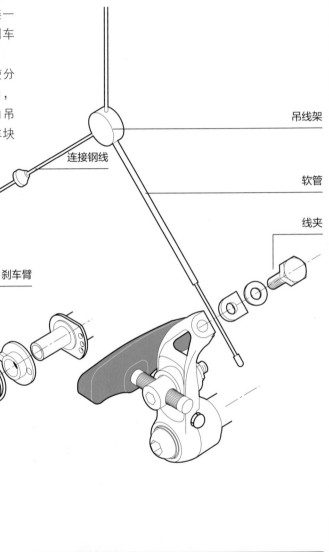

吊线架

连接钢线

软管

线夹

刹车臂

刹车块

什么时候需要这么做：

■ 刹车臂不回弹（不包括刹车线粘连或破损的情况）。

耗时：

■ 完全清洗、拆除刹车大约需要1小时。

难度：

■ 设定刹车块位置可能比较耗时。

吊刹的拆装与调节

1 旋拧调节装置，线变松后，从吊线架处分开或取下连接钢线。松开锁紧螺母，将线取出。

2 拧下主转点螺栓，拔出刹车臂。收好垫片、弹簧和其他零件，记住它们的拆卸顺序，然后彻底清洗。

3 取下刹车臂后，清洁转点。如果是螺纹式安装座，检查是否牢固，查看安装座周围是否有破裂或开焊的情况。

4 如果转点或刹车通过了检查，上油，将其重新装回去，保证弹簧腿插入中间的孔。

5 重新安装刹车线，轻轻锁紧螺栓。调节线的张力，使连接钢线与标记对齐，此时刹车块距离车圈应该为2~3mm。装好后，用张力调节螺丝调节刹车臂的平衡。

6 刹车块应该以相同的角度接触车圈，与车圈和刹车臂的距离也相等。对于如何更换刹车块，详见后文。

双轴和侧拉刹车

这两种刹车其实很好区分，采用单螺栓安装方式的即为侧拉单轴刹车，它主要用于某些最便宜的自行车上，但也出现在某些最贵的车型上，双轴刹车则主要用于中端和高端自行车上，原因是生产成本增加了。

拆卸这两种刹车时，要特别注意各种垫圈、垫片的位置。它们非常重要。如果任何一个零件丢失或损坏，就需要更换整个夹器。主要原因是零配件不好找。

对于侧拉和双轴刹车，最大的难题就是矫正其相对车圈的位置。特别是非常便宜的侧拉刹车，问题更加严重。刹车应该围绕安装螺栓的转点转动，而不是车架上的转点。需要多试几次，找到一个刹车基本居中而且不蹭车圈的位置。

双轴刹车现在常见于大部分中端自行车上，目前所有Shimano公司的公路刹车都是双轴的。大部分双轴刹车的居中调节都和单轴侧拉刹车一样，但是很多产品都还有一个额外的调节点，可以微调刹车块与车圈的位置。

侧拉（单轴）刹车的拆装与调节

1 转动调节螺母，拉下或剪掉线帽。松开锁紧螺栓，松开刹车线。这时夹器的弹簧应该完全张开。

2 拆除主安装螺栓。好的刹车会有一颗隐藏的内六角螺栓，便宜的产品则使用普通螺母固定。注意是否有垫片。

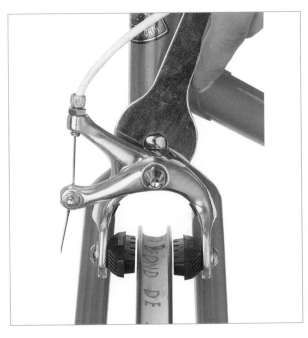

3 将夹器从车架或前叉中拔出。取下前面的螺母，将夹器分解成零件，检查并清洁所有零件。

4 用油脂润滑所有可以活动的零件，重新装回。上紧前面的螺母（或螺栓，依型号而定），使刹车臂弹簧分开，夹器不晃动。可能需要多尝试几次，才能将夹器装回车上。

5 在完全上紧后面的锁紧螺栓之前，确保夹器居中。使用扁扳手固定住夹器，同时上紧后面的螺栓。旋松几圈张力螺母，将刹车臂压在车圈上。重新安装刹车线，拧紧螺母。拧紧张力螺母，使刹车臂松开，运气好的话，刹车块会平衡且不蹭车圈。

双轴刹车的安装与调节

1 大多数双轴刹车使用一颗内六角螺栓固定。需要一把长柄六角扳手才能操作安装螺栓。

2 安上车轮，然后对齐刹车块。最好用手将刹车块压在车圈上。

3 接下来，居中刹车臂和刹车块，使两侧的刹车块与车圈的距离相同。

什么时候需要这么做：

■ 刹车操作很硬，即使安装了新的刹车线仍然如此。

■ 松开刹车把手后，刹车臂不回弹（不包括刹车线粘连或破损的情况）。

耗时：

■ 完全清洁、拆卸、升级需要大约2小时。

难度：🔧🔧🔧

■ 正确调节夹器可能要花点时间。便宜的侧拉刹车一般要比高级的双轴刹车花更多时间。

4 安装刹车线。必要时，用一只手捏住夹器，把线拉紧，然后拧紧固定螺母。

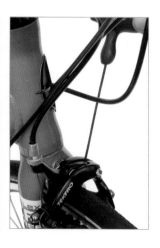

5 捏几下刹车，必要时调节刹车线的张力。旋拧平头螺丝，微调刹车臂的位置，使两侧的刹车块到刹车面的距离相同。

6 最后，安装新线帽，用钳子将线帽固定在刹车线末端。

机械式碟刹

碟刹经过了多年的发展，如今在许多车型上都能见到。从简单的机械碟刹到四缸（甚至更多）液压刹车，其种类繁多。刹车碟片也分为普通碟片、浮动碟片，甚至浮动中空碟片。

机械式碟刹在任何环境下都能提供强劲、一致的刹车力道，搭配在通勤车上相当完美，因为它不会受到车圈变形或破损的影响。最近碟刹也开始在旅行车上流行开来，因为它不会造成车圈磨损。如果在公路上使用，每对来令片可以使用数千公里。当然也会受到骑车人骑行风格和天气情况的影响。

液压碟刹相对机械碟刹有几点优势：刹车油管可以游走于复杂的避震车架之间而不损失刹车力，不存在缆线粘连的问题，不会增加额外的阻力，而且目前大部分的液压碟刹都能够自动调节。液压刹车的安装、检查、注油、更换操作详见后文。

无论是机械式还是液压式碟刹，辐条、花鼓和车圈的状况非常重要。如果车圈龙了或只是有些小损伤，并没有什么问题。不过，碟片产生的刹车力会通过花鼓、辐条、车圈传递到外胎，这股力量很大，因此如果车轮缺少辐条或者有损坏的辐条，可能伤及整个车轮。

碟刹的安装转换座

碟刹的安装系统分为国际标准（IS）系统和柱式安装（PM）系统。一些早期的产品使用制造商自己的系统，现在已经很少见了。由于PM系统的卡钳很

容易调节，而且生产成本更低，因此逐渐流行起来。然而，由于安装的位置是车架或前叉上面的带螺纹小孔，一旦螺纹损坏，整辆车也就报销了。幸运的是，安装了转换座后，就基本不需要再拆除了。当然，每次维修保养都应该检查螺栓。

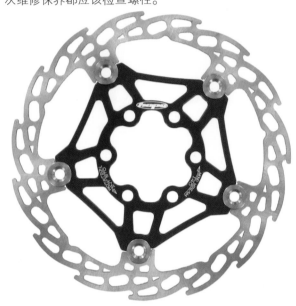

IS系统标准碟片通过6个螺丝固定。

Shimano公司的中央锁死系统只需要一个紧固件，但是要使用特殊的工具才能安装碟片。这个工具和拆装卡式飞轮的工具是一样的。

典型的柱式安装转换座和液压刹车。

不同的刹车转换座需要匹配不同的安装系统、碟片尺寸和卡钳。

机械式碟刹来令片的调节

具体的调节方法依具体的产品型号而定。图例的刹车需要一把8mm的扳手旋松锁紧螺母。松开后，使用2.5mm的六角扳手调节来令片与碟片的间隙。捏几下刹车，必要时重新调节。如果对刹车性能满意，把持2.5mm六角扳手不动，拧紧8mm锁死螺母。注意，当车轮转动时，来令片轻微蹭碟片是正常的。

机械式碟刹的检查与调节

1 打开快拆，小心取下车轮，不要损伤到碟片。可能需要推回来令片才能轻松拆下车轮。

2 这种机械碟刹，你需要使用一把扳手固定住锁紧螺栓才能松开刹车线。拆除或更换来令片的时候都需要这样做。

3 更换这个刹车的来令片时，你必须松开3个螺栓，将卡钳分成两部分。一定要松开所有螺栓，避免卡钳变形。

4 打开卡钳后，取下弹簧，注意不要弄丢或将其弯曲。

5 取出旧来令片，查看磨损情况，使用专用的清洁剂清洁卡钳。

6 在新来令片的后面涂抹少量的黄铜类防粘合剂，装入卡钳，对正。

7 重新装回卡钳，安装3颗螺栓，按照对角线的顺序均匀拧紧。

8 在安装车轮之前检查卡钳是否能够在安装转换座上自由移动。必要时，小心润滑滑动转点。重新装回车轮，调节来令片的间隙。

什么时候需要这么做：
- 建议每6个月左右取出来令片，检查磨损情况。
- 刹车把手的行程过长时，说明来令片已经磨损。

耗时：
- 依来令片的安装方式而定，有些几分钟就可以换好，另一些则可能需要1小时或更长时间。

难度：
- 很简单的工作，可能遇到的唯一问题就是调节来令片在卡钳中的位置。

更换刹车线

所有拉线式刹车更换刹车线的步骤都很类似。刹车线的直径通常是1.5mm或1.6mm，材质可能是镀锌钢、普通钢或不锈钢，表面还可能有一层用于减小摩擦的特殊涂层。刹车线一般有两种头：T形头和圆头。平把自行车一般使用平头刹车线，下弯把自行车一般使用T形头。

刹车线管通常是螺旋缠绕的钢丝或不锈钢丝，外面有一层塑料套。其可选颜色很多，通常以米（m）为单位出售。有些产品还有一层内管，或者有一层用于降低阻力的涂层，通常是聚四氟乙烯，也被简称为PTFE，商标名称为特氟龙（Teflon）。如果您用的是使用PTFE涂层的线，则不要进行润滑，因为PTFE是一种低阻物质，不需要额外润滑。

如果只更换刹车线，应该选择优质的不锈钢丝。安装前，用适当的工具冲洗线管，穿线的时候进行润滑。

如果线和线管都要更换，市场上有许多可供选择的刹车线套装品牌。其线管通常使用特氟龙内管，并附送线管帽和线帽。不经常骑的自行车不必使用很好的线管，但如果经常使用，配备一套好的刹车线套装还是非常值得的。

更换后，需要尝试几次才能调节好。有一个小技巧，就是把刹车把手绑在车把上，持续拉线一小时左右。这样做可以完全压紧紧固件，拉伸刹车线。然后你只需要再调节一次就可以了。

现在公路车和山地车的一个趋势是内走线，这种系统不错，不过换线时会有问题。有些车架有走线导管，而另一些只有几个洞。一个简单的解决方法是，先拉出旧线管，按照相同的长度截取新线管，然后在旧线上套进新线管，再拔出旧刹车线，插入新线。有时候由于线管破损，这么做行不通。这时，可以用一根比较长的杆（焊条非常好用）穿过去，引导新线管。将新线管和长杆一起小心地穿过去，从另一端把杆取出。

拉线器

不是必备工具，但是操作侧拉和双轴刹车时非常有用。

安装新的V刹刹车线

1 旋松刹车线的锁紧螺母，松开刹车线，取下橡胶套和弯管。

2 对齐调节螺母和把手的线槽，将线从刹车把手中取出。某些型号的产品，线头隐藏在保护盖下面。

3 如果更换线管，每次拆一根，用旧线管作参照截取新线管。必要时，用锉刀将剪切面锉平。每次都应该更换线管帽。

4 在刹车把手处安装新线，穿过线管。向外拧几圈调节螺母，注意凹槽不能在一条直线上。

5 更换新的弯管，穿过新线，套进橡胶套，固定刹车线。注意，弯管的弯曲角度不同，一般前面是135°，后面是90°。

6 将刹车块压在车圈上，拉紧刹车线，拧紧螺栓，旋紧调节螺母，捏几下刹车。检查是否能取下弯管，视需要进行微调。

安装新的吊刹刹车线

1 压住刹车臂，松开连接钢线。松开锁紧螺栓，去掉线帽。取下分线，将刹车线从线管中取出。

2 将调节螺母全部拧进去，对齐凹槽，松开刹车线。某些Shimano公司的刹车产品，刹车线隐藏在一个小盖下面，将线拉出。

3 从车架上取下线管，作为新线的参考。线管末端安装新线管帽。

4 将新刹车线穿入刹车把手，穿过新的线管。给上管处曝露的刹车线装上小的橡胶圈或者线套，防止摩擦车架。连上钢线和导线套（如果已经安装）。

5 对于独立钢线型的吊刹，挂上Y形钩，装上钢线。让刹车臂靠近车圈，拧紧螺栓。

6 将连接钢线穿过刹车臂，拉紧刹车线。暂时锁紧螺栓，轻轻捏刹车，使线管和线管帽压紧。

7 旋出调节螺母，将刹车块压在车圈上。松开锁紧螺栓，然后拉紧刹车线。锁紧螺栓，检查连接钢线是否对齐。正确的安装操作如图所示。按照标记调节线的位置。

8 拧紧调节螺母，让刹车块离开车圈，然后拧紧调节螺母的锁紧环。如果刹车块蹭车圈，稍稍松开刹车线。可能需要多尝试几次。最后，剪断多余的刹车线，安装线帽。

双轴刹车安装新刹车线

2 剪掉散开的部分。松开锁紧螺栓，拉出散开的刹车线。

3 从刹车把手处取出刹车线。安装新线并锁紧。

1 刹车线如果散开，则需要更换，否则会越散越多。

4 将快拆扳回原来的位置，逆时针拧几圈调节螺母。将刹车块压住车圈，松开线，拉直。锁紧螺栓，拧紧调节螺母。

5 视需要进行微调。完成后剪掉多余的线，安装线帽。

侧拉刹车安装新刹车线

1 松开夹器的锁紧螺栓。翻起手变的橡胶套，按下刹车把手，将线推出，必要时用尖嘴钳子拔出。

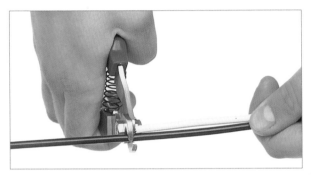

2 如果需要更换线管，用旧线管作参照。新线管末端安装新线管帽。如果要更换把横处的线管，则需要拆下把带，安装好后重新缠上把带。

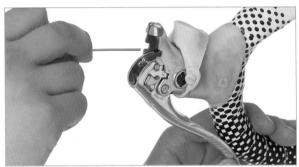

3 穿过新线，线头应该正确进入线槽。

4 裸露的刹车线应该加装橡胶圈保护车架。将线穿过夹器，拧紧螺栓。

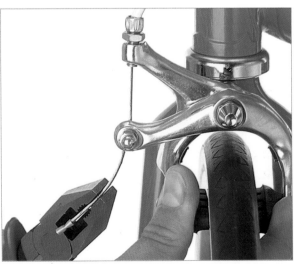

5 逆时针旋拧几圈调节螺母，将刹车块压在车圈上，拉紧刹车线。拧紧螺栓，旋回调节螺母，拧紧锁紧环。

新刹车块的安装与调节

每次安装新刹车块之前，应该检查车圈的状况。车圈上有小坑或轻微的凹陷是正常的。如果刹车面弯曲变形或有裂痕，则会引发问题。如果不确定车圈的状况，可以请车友或车店帮忙。

如果车圈磨损严重，则需要更换。更换时首先要考虑辐条和花鼓的质量。如果车轮很便宜，则没必要单独更换车圈，直接更换整个车轮更划算。如果你骑的是通勤自行车或山地自行车，而现在需要更换新车轮，可以考虑购买支持碟刹的车轮。有些车轮同时支持IS碟刹系统和圈刹系统，这样你就不必立即升级刹车了。

安装新刹车块之前，应该首先清洁车圈。使用自行车清洁剂和百洁布轻轻打磨刹车面。最后，用干净的布蘸少量刹车清洁剂去除刹车面的油脂。

刹车块的种类非常多。大部分生产厂商都称他们的产品能够提供更大的刹车力，使用寿命更长。某些种类的刹车块采用了适合潮湿环境的成分制作，上面还可能有排水槽。不过，如果你已经习惯了现在使用的刹车块的性能，尽量更换类似的产品。如果你追求更大的刹车力而更换不同种类的刹车块，刹车感觉可能会发生变化。更糟的情况是，新刹车块的材料配上磨损的车圈，刹车效果可能反而降低，而且通常会产生异响。因此，选择适合自己车子的刹车块才是最好的。

一般来说，所有的刹车块在安装时都要有一点角度。也就是说，捏刹车时，刹车块的前部先接触车圈。这样可以降低刹车的震动和尖叫声。有些产品上有一个小边，可以自动设定束角。大部分刹车块上面都会标记磨损线和方向箭头。分体式刹车块更换最容易，因为理论上不需要调节束角；对于大部分刹车系统来说，这种刹车块的性价比最高。

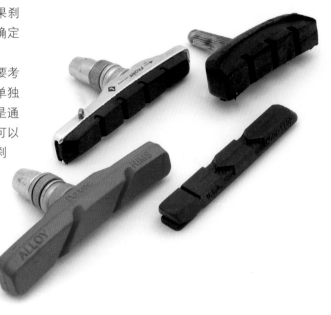

什么时候需要这么做：

- 刹车块磨损。
- 刹车面变得很光滑，或者更换了车轮（不要给新车轮搭配旧刹车块）。

耗时：

- 完全更换刹车块大约需要2小时。

难度：🔧🔧

- 好的双轴或单轴刹车的刹车块更换比较简单，吊刹和V刹则比较复杂。

新刹车块的磨合

新刹车块安装后，需要使用一段时间才能发挥最大的刹车性能，碟刹更是如此。找一段下坡路，轻轻捏着刹车溜下有助于磨合新刹车块。某些制造商会在他们的产品表面增加一层研磨层，辅助加快磨合过程。这个涂层能够清洁车圈的刹车表面，并快速磨掉刹车块的表层。

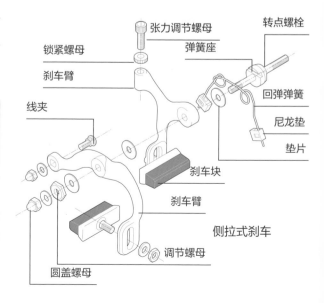

张力调节螺母　　转点螺栓

锁紧螺母　　弹簧座

刹车臂

线夹　　　　　　　回弹弹簧

尼龙垫

垫片

刹车块

刹车臂

侧拉式刹车

调节螺母

圆盖螺母

安装新刹车块

吊刹

1 松开刹车线的调节螺母，取下分线或独立钢线。松开锁紧环，松开刹车块。收集刹车块调节垫圈，注意它们的方向和位置。

2 检查刹车块的磨损情况，必要时更换。安装新刹车块，调节束角。检查新刹车块的位置，滑杆应该穿过刹车臂的夹座，并牢牢固定。

侧拉和双轴刹车

1 拧紧调节螺母，打开快拆装置。握住刹车块，拧掉螺栓。有些刹车用的是六角螺栓，有些是普通螺栓。有些型号的产品，在更换刹车块前最好先拆除车轮，这样操作会更容易。

2 装上新刹车块，固定位置，然后将其压在车圈上，拧紧螺栓。检查刹车块与车圈的相对位置。对于便宜的侧拉刹车，可以使用开口扳手弯曲刹车臂来调节束角。

V刹

　　V刹的刹车块有很多用于调节的垫圈，厚度各不相同，可以彼此交换位置，以调整刹车块相对于车圈的位置和角度。

液压碟刹

　　更换液压碟刹的来令片的操作方法详见后文。

刹车块的调节

　　安装新刹车块后，需要微调它们的位置和束角。刹车块应该完全接触车圈刹车面，但是刹车块的前端应该略先接触车圈。这叫做束角。正确设定束角能够消除刹车的尖叫声和震动。

　　安装和调节新刹车块算不上简单，但也并不复杂，其实更像解谜。你需要不断调节刹车块的位置、刹车线的张力和夹器的位置，最终达到完美。

刹车块的其他调节方法

　　清洁车圈，在上面绑一张小卡片或者缠几圈胶布。卡片或胶布不得超过1mm厚。安装新刹车块，拧紧螺栓，注意不能完全锁死，要使刹车块还能动。

　　用扎带绑住刹车把手，使刹车块接触车圈；将刹车块压在车圈上进行调节；拧紧螺栓，然后转动车轮；检查刹车块是否正常接触车圈；松开刹车，使用调节螺母，微调咬合点。

1 检查新刹车块是否正确安装，锁住固定螺栓；然后调节刹车块，使前端距离车圈1mm，后端距离车圈2mm。

2 轻轻捏刹车，检查刹车块是否偏离刹车面。刹车块距离车圈上沿应为1~2mm。

3 捏刹车，检查刹车块是否均匀压在刹车面上，若不合适应调节好。

刹车把手

平把自行车的刹车把手都大同小异，使用一颗螺栓固定，某些型号使用两颗螺栓和一个可拆卸的垫片。只要不是刹车、变速一体的装置，就很容易调节到你喜欢的位置。便宜的刹车把手通常是热塑材料的，没有调节功能。好一些的把手采用铝合金材料，而且可以调节把手行程。

便宜的下弯把手变是使用锻压铝合金材料制造的，而高级的则采用浇铸、机加工铝合金甚至碳纤维材料制造。传统的手变，线管从顶部连接；新款的把手，线管从侧面连接，然后藏在把带下面。所有的下弯把，缠把带之前必须调节好手变的位置，这同样依个人喜好而定。基本原则是保证骑行时手的位置舒服，而不是方便操作刹车。

公路车手变

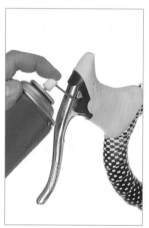
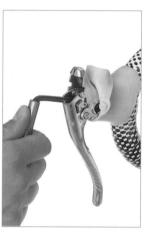

1 润滑转点和线槽。捏下手变，露出线槽。

2 松开夹器一侧的刹车线，找到手变的安装螺栓。某些型号使用普通螺栓，某些使用六角螺栓，不可拧太紧。

3 传统的手变，在完全拆卸紧固件后即可以整个拆除。方法是拧下夹器处的锁死螺栓，然后带着刹车线完全取下手变。

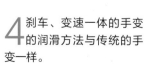

4 刹车、变速一体的手变的润滑方法与传统的手变一样。

平把刹车把手

1 润滑转点和线槽，然后尝试润滑刹车线。最好给调节螺母的螺纹上也滴一滴润滑油。

2 松开安装螺栓，转动把手。某些产品在需要操作指拨时要先移动刹车把手。注意不要过度上紧安装螺栓。

3 好的刹车把手能够调节把手到把横的距离，方便手小的使用者。

什么时候需要这么做：

- 山地车每次骑车后润滑刹车把手。
- 公路车每次全面保养或更换线和线管时，是更换或调节手变的好时机。

耗时：

- 润滑刹车把手大约需要10分钟。

难度：🔧🔧

- 下弯把自行车的手变紧固件比较难操作。

4 距离、角度等调节功能都可以按照个人喜好设置。理想位置是，当手掌放在把横上时，手指的第一个关节应该能握住刹车把手。理想角度是，骑车时手腕伸直或略向下弯。

液压碟刹

液压碟刹是自行车的终极刹车系统，除了轻型的竞赛车几乎承受不了它的制动性，其他车型都可以享受它带来的强大性能。骑车人几乎不需要花什么力气就可以获得强大的刹车力量。刹车油管可以任意走线而不会损失刹车力。即使车轮轻微变形也不是问题。也许其最大的缺点就是重量，因此轻型的竞赛车上几乎不会出现它的身影。

　　大多数液压碟刹都使用标准的乙二醇类机动车制动液，Shimano公司的产品是个例外，他们使用矿物类制动液。这两种制动液不能混用，而且应该按照制造商的要求选择正确的制动液。使用机动车制动液（常用的如DOT4或DOT5.1）时，注意不要泄漏。这种液体是一种脱漆剂，万一泄漏，应该立即使用专用的自行车清洁剂清理干净。我们建议您在操作时佩戴手套和护目镜。

　　安装好刹车后，接下来最常见的工作就是更换来令片和注入制动液。相较于圈刹的刹车块，碟刹的来令片种类及其安装方法更多。大部分系统使用插销系统来固定来令片，部分产品则直接卡上。此外，来令片常见的材质就有3种（金属、有机、凯芙拉），还有着各种各样的形状，更换步骤可能很复杂。强烈建议，保留旧的来令片，拿它去车店对照以便购买正确的替代品。

　　注入制动液也是件复杂的工作。对于传统注油口的系统，大部分产品只需要制动液、一根干净的塑料管和一个小容器就够了。如果没有注油嘴，则需要专用的注油工具，通常包括一对注射器、一根塑料管、

管夹以及安装在卡钳上的接头。

　　乙二醇类制动液会慢慢吸收潮气。什么时候增加或更换制动液要看上次更换的时间以及使用的情况。一般2～3年应该更换一次制动液。如果捏刹车时有种捏海绵的感觉，或者刹车把行程变得过长，首先应该考虑添加或更换制动液。

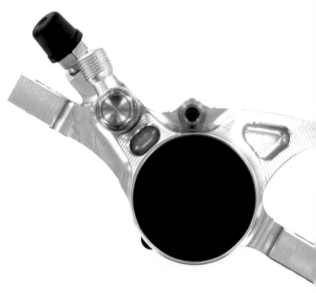

液压碟刹注油

1 松开主油室紧固螺丝，将它转动到水平位置，取下油室盖。

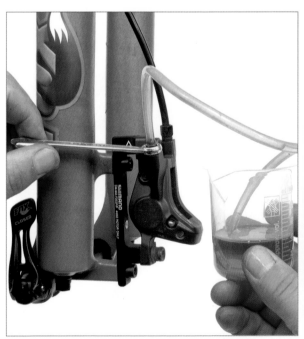

2 取下油嘴盖，连接塑料管，松开油嘴，完全捏下刹车把手，关闭注油嘴，松开刹把，重复操作。

注油小技巧

　　由于液压刹车品牌的差异，注油可能问题多多。如果你没法从系统中排出空气，尝试以下方法。

■ 注油时，轻轻敲打油管和卡钳，驱除里面的气泡。
■ 考虑使用倒灌油的方法，用注射剂从底下向上注油。
■ 注油时拆掉卡钳，转动它，使里面的气泡排出。

■ 拆掉卡钳，抬高过主油室，然后从卡钳注油。
■ 拆掉来令片，将活塞完全推进去。用一小块木头塞住，让活塞保持完全张开，再尝试注油。
■ 用扎带将刹车把手固定在把横上，去掉油室盖，将车放置一个晚上，这样可以让小气泡从油管中升到油室中。
■ 某些刹车系统注油步骤比较特殊，遇到这种情况，请参照制造商的产品说明书。

3 一直保持油室向上，快速释放刹车把手，直至注油管中的制动液澄清且没有气泡。

4 不要让油室中的液面下降，即需要在注油过程中不断添加。可以请一位助手帮忙。

5 将油室注满制动液，注油完成后，拧紧油嘴。装回密封圈和上盖。

6 使用适当的刹车清洗剂擦拭溢出的液体。如果使用DOT类制动液，清洁工作则更加重要。

7 这些Avid卡钳（左图）没有传统的注油口。你必须去掉小的星形平头螺丝，安装专用的注油管。

8 这种卡钳（右图）要安装一个注射器，新的制动液会从卡钳被向上推到主油室，同时排出空气。

碟片的安装

2 使用刹车清洗剂擦掉新碟片的防锈层。注意，碟片分正反（上面有转动方向指示箭头）。

3 螺栓（通常是星形头）的螺纹上通常有螺纹紧固剂，或者单独提供。注意，Shimano的碟片还附带锁紧垫片。对齐碟片，用手指拧紧螺栓。

1 彻底清洁碟片安装表面。检查螺纹是否干净或有无损坏。

4 按对角线逐一均匀地拧紧螺栓，上紧到规定的扭力值。安装锁紧垫片的地方，将垫片的边缘弯曲，使其接触螺栓头。

5 Shimano六钉碟片通常附带锁紧垫片。完全锁紧星形头螺栓，然后使用钳子或螺丝刀弯曲垫片。

更换刹车油管

如果你需要更换液压碟刹的油管，那么新油管的长度必须正确。每个制造商对于自己的油管头都采用特殊的设计，有些采用班卓接头，但是大部分使用橄榄头。当然，安装新油管后，你还要往油管中注油。这些都完成后，检查新系统是否漏油。最好进行短距离的试骑，然后重新检查刹车系统的安全性。

更换液压刹车的来令片

1 拆掉车轮后，使用台虎钳扳直插销。

2 拔出插销。某些种类的来令片，在拔掉插销后就会自动掉落到卡钳底部。

3 拆掉弹簧，然后取出磨损的来令片。

4 现在必须将活塞推回到卡钳内。有专用的工具，不过图中这种卡钳也可以使用扳手操作。

5 另一种方法是使用钳子将活塞推回卡钳内。注意不要弄坏活塞面或卡钳本体。

6 组合新的来令片和弹簧，插入卡钳内。安装新的插销，弯曲末端。捏几下刹车，检查系统工作情况。

碟刹来令片

  如今，市场上的来令片形态各异。来令片最常见的材质是金属的和有机的。除此以外，还有陶瓷及凯芙拉材质的来令片。

  大部分来令片在金属托架上有2～3mm的摩擦表面。图中这些来令片都用过了，有些磨到了边缘，有些刹车表面已经开始断裂，还有一些仍然可以使用。

什么时候需要这么做：

■ 来令片磨损。
■ 当刹车手感发软或者油室内的液体变色时，需要注油或更换制动液。

耗时：

■ 更换来令片大约需要1小时。注油时每只刹车大概需要1小时。

难度：🔧🔧🔧

■ 更换来令片非常简单，但是注油可能非常麻烦。

BMX刹车

BMX自行车的刹车系统多种多样，最常见的是U刹，操作类似于吊刹，有时候也安装缩小版的V刹和侧拉刹车。大多数U刹的刹车平衡是通过改变张力回弹弹簧调节的，一般是通过一个锁紧螺母和六角扳手进行调节。后刹车通常安装在后下叉上，连接钢线经过座管。

也许BMX刹车最独特的特点就是它使用刹车线控制器，通常称为"gyro"。这个系统让车把能够360°旋转而不影响后刹车。前刹车采用类似的系统，刹车线直接穿过前叉舵管和头管。这种刹车的调节和其他大部分刹车类似，重点在于要保证头管上可移动的线架的平衡，并且要与上面固定的导线器平行。

注意，很多BMX自行车没有前刹车，虽然这样能够提高回头率，但是在英国，如果前后刹车有一个不能正常工作，上路骑行是违法的。

调节BMX刹车

1 前刹车通常有一段金属管，类似于V刹的弯管。检查它是否能自由移动，必要时取下润滑。如果前刹车线穿过舵管，你会在前叉上找到一个非常紧的线圈和一个导线器。从刹车上取下刹车线，彻底润滑。

2 对于后刹车，从刹车臂取下刹车线。检查刹车臂是否能自由活动，必要时调节、润滑。润滑松开的刹车线。

3 拉紧主线，调节连接钢线，使之不会摩擦座杆。操作刹车，确保两只刹车臂等量移动。你可能需要调节每只刹车臂的张力。大多数BMX刹车，调节张力要松开锁紧螺母，然后向正确的方向转动六角螺栓。

4 大多数gyro刹车系统在头管的位置提供四个调节点。调节的重点在于将刹车线调节到gyro上面固定的和可移动的零件相互平衡。

5 最后就是调节把横上的分线点。假设后面的连接钢线张力已经正确设定，视需要可以进行微调，并可以改变刹车把手的行程和手感。

什么时候需要这么做：
■ 刹车操作不顺畅。

耗时：
■ 润滑、调节刹车大约需要30分钟。

难度：🔧🔧🔧
■ BMX刹车的调节点很多，有规划地调节会让整个工作轻松很多。

花鼓刹车

花鼓刹车通常配备到顶级的城市车和通勤车上。它经常搭配内变速系统，前花鼓中还可能安装发电花鼓照明系统。大部分的花鼓刹车都是传统的鼓式刹车，即两个刹车鞋压在鼓上制动。这种系统和摩托车上的刹车几乎是完全相同的，唯一的区别就是前者是拉线操作，后者是液压操作。

Shimano公司的罗拉式刹车的操作类似鼓式刹车，区别在于是由一组滚子和棘轮推动刹车鞋摩擦花鼓内的刹车面。这两种系统都非常有效，而且保养要求低，因此受到城市骑车人的欢迎，骑车人只需要偶尔检查刹车线以及花鼓紧固件的安全性即可。

刹车线的调节在花鼓处进行。松开锁紧螺母，逆时针旋转调节器，直至鼓式刹车锁死。然后顺时针旋拧调节器，使花鼓可以自由转动即可。捏几下刹车把手。检查车轮是否能够自由转动，然后上紧锁紧螺母。

这是Sram的i-Motion三速花鼓变速系统搭配倒刹。倒刹是一种老式的鼓式刹车，向后倒轮启动刹车。右侧那根长长的臂是反应臂或者叫做扭力臂，它安装在后下叉或前叉上，防止操作刹车时刹车鞋转动。

Shimano罗拉式花鼓刹车

1 松开刹车线才能取下车轮。

2 前花鼓刹车安装了发电装置。断开电线接头，然后松开
花鼓螺母。

3 将车轮从前叉上取下。重新安装反
应臂时必须小心装入位置。

4 可以在罗拉式刹车的内部涂抹少量润滑油。

什么时候需要这么做：
■ 花鼓刹车的优势在于几乎不需要保养。

耗时：
■ 润滑、调节刹车大约需要10分钟。如果需要拆卸后
轮，大约需要1小时。

难度：🔧🔧🔧
■ 拆卸车轮可能是最大的问题，不过你只要拆过几次
就变得容易了。

拆卸后轮

1 从操作臂上松开刹车线。你可能需要用调节器松线。

2 旋出反应臂的螺栓，松开变速线。

3 可能的话，将链条从链轮上取下。你可能需要先松开后花鼓的螺母，向前推车轮，然后就可以取下链条了。

4 使用梅花扳手拧下后花鼓螺母。

5 如果安装了挡泥板的支架，请拆掉，取下锁紧垫圈。

6 将车轮向后滑出。

7 向下拉车轮，取下链条。重新安装，步骤相反。

8 Sram的后花鼓刹车上面有明显的标记，可用于对正后轮。

第 4 章
传动系统

传动系统组件

多 年以前，自行车的传动系统还相对简单。过去的自行车多是单速或内3速的，赛车才有5速或6速的外变速系统。那时，中轴是可以调节的，曲柄是用曲柄销固定的，后飞轮是通过螺纹拧在花鼓上的，链条也是1/8英寸或3/32英寸宽的。大部分的组件都可以相互兼容或混搭，以满足消费者的需求和预算。

　　随着山地车的出现，现代生产方式的更新，新技术的突飞猛进，以及远东地区的批量生产，传动组件发生了巨大变化，并且促成了新标准的崛起。Shimano公司率先做出了许多创新，包括研发了定位变速系统和卡式飞轮。

　　如今的变速组合已从12速（前2后6）增加到30速（前3后10），公路车已经出现了11速飞轮（不过目前还没有山地车制造商推荐搭配他们的三片式牙盘使用）。随着链轮数量的增加，齿比的选择也更多了。花鼓变速近几年也开始复苏，从原来Sturmey-Archer等品牌的3挡变速增加到现在Rohloff的14挡变速。

　　如今的中轴基本都是密封的，无法调节。伴随着这一发展，曲柄的安装方式也从传统的曲柄销，到方孔式，再发展到中高端车上的各种花键式。

　　对于家庭技师来说，这些变化意味着必须要知道车上装的是什么系统的套件。在订购修补件之前必须确认现在使用的组件是哪种类型，如果要升级，还要看看自己有没有必备的工具。例如，从老式钢碗滚珠中轴升级到现在的密封中轴还是非常值得的，但是，你需要合适的工具才能自己完成升级。

这种Truvativ四钉牙盘采用花键安装方式，需要专用的工具才能拆卸。这套系统不兼容Shimano系统，需要自有的中轴系统。拆装这种中轴系统同样也需要专用的拆装工具。

传动系统的组件

1 这是一条3/32英寸宽的链条，适合最高8速的变速系统。9速、10速的链条宽度不同。

2 大部分单速自行车使用1/8英寸的链条，个别可能使用3/32英寸的链条，因此单独购买新链条时要先分辨清楚。

3 这是一个卡式飞轮，安装在塔基上。塔基内有棘轮系统，使车轮可以滑行。

4 这是一个老式的飞轮，通过螺纹固定在花鼓上。这种飞轮的棘轮系统和飞轮是一体的。

5 花鼓变速通常有一个单独的飞轮，可以更换，从而小幅改变齿比。大部分使用1/8英寸的链条。

6 死飞自行车没有棘轮系统，你必须一直踩踏。所有的场地自行车都是死飞系统。

7 某些Shimano的新后拨链器上没有张力调节螺母。

8 一体式密封中轴已经在大多数自行车上使用。它不提供调节功能，要更换的话需要整个都换。

9 需要专门的套筒或扳手才能拆掉这种曲柄螺栓。

10 新技术的发展使人们迎来了外挂中轴时代。中轴移到了外面，能为牙盘系统提供更多的支持。

11 现在虽然很少见，但是使用曲柄销的牙盘系统曾经流行一时，现在偶尔出现在童车上。它曾经是简单、有效的系统。

保养与检查

有干净的、润滑的、正确调节的传动系统才是有效的传动系统。链条上的污泥是一种"非常好"的研磨剂，如果你不想让传动件快速磨损，请按照上文的指导，保持链条的干净与润滑。

多久更换一次链条并没有一定之规。山地车的链条经常在泥土环境中使用，也许只能使用几百公里；公路车如果从来不在雨天骑行，一根新链条可以使用数千公里。最好购买一把链条检查工具，用它来检查链条的磨损状况。

随着链条的磨损，链轮也会磨损。最先磨损的零件是导轮，然后就是最常用的飞轮片，因此，检查链条时也要检查这两个地方。检查链轮的磨损情况并不容易，虽然磨损很容易看出来，但是确定何时更换就困难了。如果你已经更换了链条，但是跳齿等问题依然存在，那么你可能需要更换传动系统的其他组件了。

链轮明显的磨损迹象就是齿变成了弧形。山地车可能表现为卷链，即当最小齿盘（通常称为"granny ring"）带动链条时，链条整个缠绕在齿盘上，不能正常运转，结果就是整个传动系统卡住。

另外，不要忽视牙盘本身的安全性。大多数牙盘都使用特殊的盘钉固定齿盘，不过便宜的牙盘可能用铆钉固定盘片。握住曲柄，检查盘片是否松动。顺便可以检查一下中轴，那里经常是车辆异响的来源。如果能够取下链条，则转动牙盘，仔细听轴承是否有磨损。握住两根曲柄，垂直于车架晃动，感觉是否有松动。密封中轴如果出现问题必须整个更换。老式的中轴可以调节，不过最好还是升级成密封中轴。

在车后部要检查拨链器的状况。如果车架有可更换尾钩，检查螺栓是否牢固。从车正后方可以简单观察拨链器是否放正。确保拨链器垂直悬挂，而且导轮状况良好。查看每片飞轮是否有齿磨损或弯曲。抬起后轮，向后转曲柄，倾听飞轮、塔基是否有异响。

链线与齿比的选择

三片式牙盘的自行车，选择中间的牙盘和后面中间的飞轮片。将车倒过来，从上面查看链条，链条应该是平行于车架中线的，至少差不多。如果不是，首先检查车架是否有明显的损坏；然后检查中轴，有可能是中轴安装错误，特别是出现链条偏离车架很远的情况。如果看不出明显的问题，最好检查车架是否放正。

一种快速磨损传动系统的骑行方式就是使用极限链轮组合，因此要避免使用最大齿盘加最大飞轮或者最小齿盘加最小飞轮。

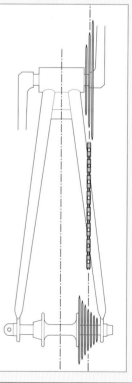

完美调节状态的链条位置都应该像这个21速的系统一样。

什么时候需要这么做：
- 正常使用的自行车，每2~3个月检查一次；偶尔使用的自行车，每年检查一次。
- 摔车，并且车右侧（驱动侧）着了地。

耗时：
- 完全检查大约需要15分钟。

难度：🔧🔧
- 判断是传动的哪一部分出现问题比较困难。

传动系统的检查

1 一个原始但快速的检查方法就是将链条从大齿盘上向外拉。如果活动量比较大则说明需要进一步检查。

2 检查盘钉是否牢固。如果松了，需要用特殊的工具从后面固定螺母，再从前面锁紧。

3 若齿呈钩状说明已经磨损。齿盘、链条和飞轮都需要更换。注意，只要更换齿盘和飞轮，就必须更换链条。

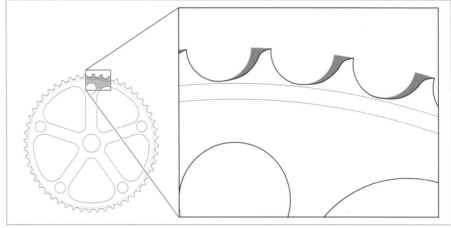

4 握住曲柄，向两侧摇动，如有晃动则需要进一步检查。首先检查曲柄安装螺栓的牢固性，如果问题不在这儿，则可能在五通内。

5 取下链条，分别向前或向后转动曲柄，倾听是否有异响，出现任何异响都说明中轴已经磨损。

6 齿盘弯曲变形也是一种常见的问题，从车上方向下看，一边转动曲柄，一边观察齿盘与后下叉的间隙。如果齿盘弯曲，会很容易发现。

链条的清洁与检查

应该说，链条驱动系统的使用标志着自行车进入了一个新时代。早期的自行车都是单速的直驱机器。使用了链条让自行车发展成为后轮驱动、变速，前轮转向的先进工具。所有自行车链条每个链节的距离都是一样的，两个链销的间距为1/2英寸，不过宽度各不相同。

单速车和大多数内变速自行车都是用1/8英寸宽的链条，外变速自行车通常使用3/32英寸的链条。9速、10速变速系统的出现使链条变得更窄，以适应相同宽度的塔基上更多的飞轮片。链条宽度并没有一个国际标准，因此不同的制造商之间会存在微小的差别。例如，Shimano的9速链条宽6.6mm，Sram的9速链条宽6.9mm。这一般不是问题，这两种9速链条相互兼容，可以互换使用。

链条传动系统能够非常有效地将骑车人腿部的力量转化为车前进的动力。干净的新链条传动效率最大。我们已经在第2章讲过如何清洁链条，最好的清洁方法还是将链条从车上取下来浸泡在清洗剂中。一个快速简单的拆装链条的方法就是使用链条魔术扣，例如Sram的"Powerlink"。如果是Shimano链条，则需要一颗新的销钉。

无论多么精心地养护链条，它最终还是会磨损，需要更换。事实不同于一个普遍的误解，即链条并不会拉长，其"变长"只是由于链销和滚子的磨损导致链销之间的距离增加。磨损的链条会快速磨损链轮。如果在链条没有过度磨损前及时更换，就不必更换链轮。不过，链条更换几次之后，链轮仍然需要更换。

几家主要的组件制造商（Sram、Shimano和Campagnolo）都提供他们自己品牌的链条。Connex和KMC等制造商也生产优质的链条。另外，每个制造商都提供了多种不同等级的链条。

清洗剂

洗链器经常搭配清洗剂一起出售。清洗剂用完后可以单独购买类似的产品，但注意不要使用太强力的溶液，否则可能腐蚀洗链器的塑料材质。尽量选择可降解溶液，使用后妥善处理。如果将链条取下来清洗，也要使用专用的除油污剂浸泡，可以使用饼干盒作为容器。同样，使用后的溶液请妥善处理。

链条的简单清洗

1 使用水管、抹布、刷子和水清洗掉链条上的污物。

2 使用抹布的边缘清洁飞轮间隙。专用的工具会使工作容易得多，而且这些工具并不贵。

3 使用清洗剂和旧牙刷清洗滚子。可以在链条下面放置一个容器，接住多余的液体。

4 使用除水喷雾，例如WD40或GT85排出链条中的水分，然后擦干链条并润滑。

检查链条磨损

1 检查链条的传统方法就是用一把钢尺测量。然而，磨损部位主要是在滚子上。

2 新链条12节应该正好12英寸（从链销到链销的距离）。

3 更有效的方法是使用链条尺。这根链条已经严重磨损，需要立即更换。

4 测量工具显示这是一条全新的链条。

什么时候需要这么做：
■ 经常使用的自行车每两个月左右检查一次。山地自行车每次骑行后都应该清洗。

耗时：
■ 彻底清洗、润滑大约需要15分钟。

难度：
■ 简单的工作。

链条零件

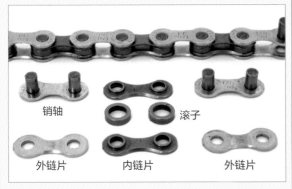

销轴　　滚子

外链片　　内链片　　外链片

　链条由几种零件组成。这是一条优质的9速链条。更好的链条还可能在滚子上安装橡胶O形环。

哪种链条？

　从链条的外链片上通常能看到链条的品牌。清洁链条，检查你更换的是否是合适的链条。

　Shimano链条上会标记UG、IG或HG，Campagnolo链条上有C的标记，Sram链条则通常标记PC，这些标记后面的2~3位数字表示链条的型号和类型。

链条的拆卸与更换

磨损的链条需要更换。按照上文的方法，清洁、检查链条。接下来辨别链条及其连接方法：单速自行车上的1/8英寸链条通常使用马蹄铁弹簧片连接链节；Shimano链条通常使用特殊的链销连接，可以在任何一节分开；Sram链条（以及其他品牌）都有特制的魔术扣，颜色与其他部分不同，便于查找。有些链条没有特殊的连接，也可以从任何一节分开。

　　当你更换或拆卸没有特殊链节的链条时需要截链器，Shimano链条需要用专用的工具拆卸。应该注意，有些制造商不建议使用可拆卸魔术扣，这似乎只适用于10速链条。你可以咨询制造商，确认他们的链节是否可以重复使用。

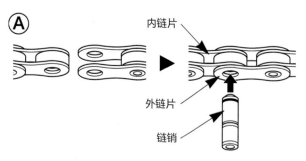

Ⓐ

内链片

外链片

链销

　　有时你会遇到链条出现死节的情况。这通常是由于链条保养不当或损坏造成的。当死节经过导轮的时候会感觉跳齿。将车支在停车架上或倒立，在导轮处查找死节。

　　用手弯曲死节通常能够解决问题。另外，可以用截链器略微在死节上施加少量压力。

截链器

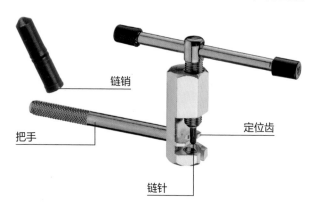

链销

把手

定位齿

链针

标准链条的拆卸

1 将链针退回，把链条放在定位齿上。必要时可以使用Shimano截链器，只需要调节把手，使链针顶住链销。

2 逐渐向前推动链针，确保针头对准链销头，完全拧进去（大约6圈）。大多数好的截链器都会在链销完全被推出前停止。

3 让链销留在外链片内。稍稍弯曲链节，分开链条。如果你准备更换新链条，则不必在意链销是否掉出去。

Shimano链条的拆卸

1 不要选择黑色链轴截断Shimano链条，一定要选择银色链销。将链针向后拧，装上链条，让链针顶在链销上。向前拧针，将链销推出。

2 需要一定的力量将链销推出，直至掉落。

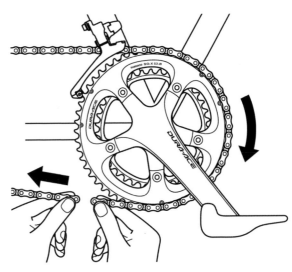

Shimano链条

Shimano链条的新链销，7速、8速系统是黑色的；9速是银色的；10速也是银色的，末端还有一条标记线。一定要使用正确的链销，并且一定要从图示方向的链节前端截断链条。

3 连接链条时，插入新的链销，然后放在链条工具上。用链针将链销推到链节中间。

4 继续顶，使链销前部的引导头完全露出。用钳子掰断。

魔术扣链条的拆卸

1 Powerlink是Sram的魔术扣，通常是金色的，很容易找到。

2 握住魔术扣的两端，往一起推挤。这需要一点小技巧来完成。

3 魔术扣会滑动，准备分开。

4 分开两片魔术扣，检查是否有损坏，特别是接触链销的位置。安装过程相反。

带活动接头的1/8英寸链条的拆卸

1 安装了链罩的自行车，首先取下链罩，再拆卸链条。

2 转动曲柄，找到接头。使用螺丝刀撬开弹簧片。

3 拆掉弹簧片后即可分开链条。

4 重新安装链条时，弹簧片的闭合端应该和链条的转动方向一致。

单速链条

大多数单速或内变速自行车都采用水平的钩爪，用来调节链条张力。将车轮装进钩爪，距离末端大约10mm。装上链条，拉紧。截去长出的链节，连接链条。

现在，前后移动车轮，调节链条张力，使上半圈链条有10~15mm的波动幅度。转动曲柄，检查几个位置的张力，因为齿片一般都是稍有些椭圆的，这种情况下，链条张力允许有些浮动。必要时，用一把尺子检查后轮与后下叉的位置是否正确，然后拧紧车轮的锁紧螺母。

正确设定张力后，查看刹车。BMX自行车尤为重要，因为刹车是安装在后下叉上的。

某些高端自行车（以及双人自行车的主链条）的中轴可能不同心。对于这种自行车，可以转动中轴消除链条的松弛。有些自行车操作需要专用的工具，但是大部分都可以使用六角扳手和钩式扳手调节。

安装新链条

新链条总会比需要的长。一般新链条有114节左右，而大多数自行车通常需要110节。当然这只是平均值。确定新链条长度的最简单方法就是用旧链条作参照。找一个干净的地方，将新旧链条平行放好，用链条工具截去多余的链节。

大部分制造商推荐的标准方法是将链条缠绕在最大齿片和最大飞轮片上，不要通过后拨链器拉紧链条围成一圈，然后再增加两节。这种方法适合所有外变速器、硬架自行车。

带后避震的自行车，如果没有旧链条作参照，或者变速存在问题，可能需要拆掉后弹簧（或者将避震器内的气体完全放掉），然后将避震器完全压进去，找到链条最长的状态。在很多后避震设计上，这样基本就是全部行程了。如果你使用的是老款的URT（一体式后三角）避震设计，中轴也是摇臂的一部分，可以使用硬架自行车的链条确定方法确定链条的长度，因为URT自行车链条长度不会变化。

对于单速自行车，必须考虑车轮在后面水平钩爪内的位置。如果车轮已经推到最前面，然后安装了链条，那链条就不能直接取下来了；如果车轮位置太靠后，链条张力可能不正确。一个好的起点就是让车轮距离钩爪前端10~15mm。注意，单速自行车在安装新链条后，一定还要检查刹车块的位置。

1 将链条缠绕在最大齿片和最大飞轮片上，拉紧。找到两头相遇的位置，再增加两节。

2 使用截链器截去多余的链节。

3 将链条穿过后拨链器，使用链销（Shimano链条）或魔术扣连接链条。

4 操作传动系统和变速系统，检查拨链器在最大飞轮片时的位置。这时拨链器应该还有少许移动量，并且应该与地面呈大约45°角。

5 现在将链条变到最小飞轮，如果链条长度正确，两个导轮的连线应该垂直于地面。

什么时候需要这么做：

■ 链条磨损时。

耗时：

■ 更换使用魔术扣的链条大约需要15分钟。更换Shimano链条大约需要25分钟。

难度：🔧🔧🔧

■ 使用正确的链条工具的话，工作很简单。

新变速线的安装

升级变速线是很值得的，即使是最好的线也不是很贵。大多数变速线都是直径1.1mm或1.2mm的不锈钢丝，线头都是通用的。还有带特氟龙涂层的变速线，不过最好和新线管同时更换。

　　变速线管直径一般是4mm，但是不同制造商的产品略有差别。与刹车线管的内螺旋结构不同，变速线管的内部是一圈与变速线平行的钢丝簧。这种结构使得线管很难剪断，因此一定要准备一把好的剪线钳。安装线管时一定要使用新的线管帽。

　　如果一辆经常使用的自行车的变速线和线管都要更换，建议升级成密封套装。其通常拥有特氟龙涂层的变速线和特氟龙涂层的内衬管，因此这种线管不需要润滑。特制的密封系统能够将水的渗透率降到最低。

　　任何新线都需要一段时间才能正常工作。剪断变速线之前，最好用钳子用力拉伸，将线安装在拨链器上，变速到线张力最大的挡位，通常是后面最大飞轮，前面最大齿盘。在调节定位之前，让线拉伸尽量长的一段时间。

传统的梁变

1 松开拨链器的变速线。取下线帽，将变速杆移动到最高挡位，推出变速线。

2 将变速线从五通下面的过线座拉出。检查过线座是否损坏。

3 保持变速杆在最高挡位，穿过新变速线。将线穿过途经的过线座。

4 如果不更换线管，用清洗剂冲洗线管的污物，然后穿过新线。将变速线穿过调节螺母，拉紧，然后用螺母锁紧。剪掉多余的线，安装线帽。

平把自行车

1 将挡位换到线最松的状态。取下线槽的螺丝帽，它通常是塑料的，容易弄丢。有时候需要移动刹车拨杆或变速拨杆，才能找到这颗螺丝。

2 松开拨链器的螺母（或剪断线），拉下线管。将线从变速拨杆本体内拔出。如果遇到困难，检查挡位是否正确。挡位正确时通常可以从线槽的口内看见线头。

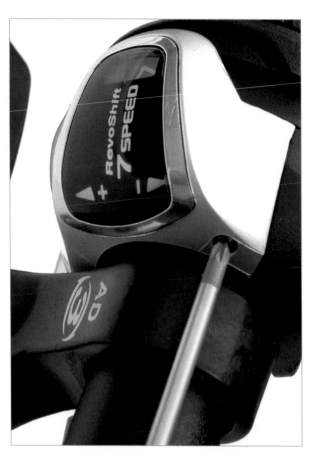

3 某些车把安装的变速杆，需要拆掉下盖才能取出线。注意不要弄丢小螺丝。

4 如果是Shimano的RevoShift变速拨杆，需要先取下挡位指示器才能取出线。指示器用两颗小的十字螺丝固定，不要弄丢。

5 取下上盖后，拉出变速线。如果遇到问题，可以将线推出或者用尖嘴钳子拔出。

6 如果是Gripshift转把，你需要先取下把套，然后取下转把的橡胶套，转动内部装置，就可以取出变速线了。

刹车、变速一体手变

Shimano、Campagnolo和Sram公司现在都为下弯把公路车生产一种刹车和变速一体的手变。对于竞赛型车手，这种系统的主要优势就是手不用离开车把就可以变速，这也是其与传统梁变的本质区别。

更换变速线时，首先要将挡位调节到最高挡，此时线的张力最小。松开拨链器的紧线螺母，去掉线帽。

较新的手变设计，刹车线和变速线都是从把带下面经过的，因此如果更换线管，可能也要更换新把带。不过，由于这部分线管隐藏在把带下面，而且位置很高，几乎不会被污染，因此不需要经常更换。如果把带因磨损而需要更换，可以趁机检查下面的线管。

Shimano STi手变

1 老式的Shimano系统，变速线从侧面穿出。较大的拨杆是刹车把手，如图所示。

2 刹车线要从前端拔出。捏下刹车把手，取出线。

3 用扎带固定刹车把手，穿进新线。

4 用扎带固定刹车把手，更换变速线。注意，侧面的凹槽里面是手变的固定螺栓。

5 变速线槽上有一个小的橡胶塞。如果看不见线头，调节挡位直到可见。

6 从下管向上推线，从上面拉出。安装步骤相反。

Campagnolo的Veloce手变

1 这是Campagnolo的Veloce（意思是"快速"）手变。

2 负责变速的机械装置都在手变的本体内，因此体形较长。

3 翻起橡胶套，操作小变速杆。

4 从另一侧将线推出，必要时，用小螺丝刀操作。

Sram DoubleTap手变

1 Sram DoubleTap系统非常先进，所有的变速功能都在一个手变上。

2 更换刹车线时，捏下刹车把手，从上管曝露的部分将线推出。

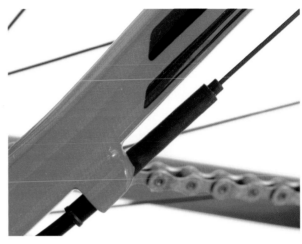

密封线管

密封线管有很多种，使用它可以降低水的渗透率。方法是把它套在裸露的缆线上，例如后上叉过线座。

3 翻起橡胶套，可以找到变速线。从下管曝露的部分将线推出。

4 线从手变本体内部出现。安装新线后，将橡胶套复位。

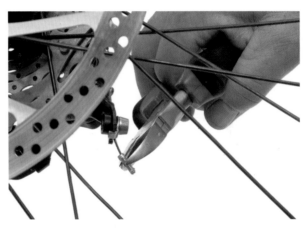

线帽

线帽安装在线的末端，可防止线散开。如果没有线帽，擦掉线上面的油脂，滴一滴强力胶。

什么时候需要这么做：
- 变速出现问题。
- 缆线散开。

耗时：
- 更换每根线大约需要20分钟。上路测试和最终调节还需要至少30分钟。

难度：🔧🔧🔧
- 换线很简单。如果还要更换线管，特别是弯把公路车，就会变得复杂。

特殊线管套装

市场上有整套的线和线管套装。线管通常比实际需求长，而且随附线管帽和线帽。不过，有时候单独购买线管更划算。当然，你还需要线帽和线管帽。如果你有不止一辆车要维修或保养，这些小东西最好批量购买（可能还能打折）。

拨链器的调节

在调节拨链器之前，首先应该确保传动系统状况良好。先检查变速线的状况和链轮的状况，然后查看前后拨链器。从车的正后方观察，后拨链器应该垂直于地面，不应该有变形，转点不应该松动。前拨链器应该正确定位。

目前大多数自行车安装的都是定位变速系统，变速操纵杆通常安装在把横上，老式的可能安装在下管上。老式自行车采用摩擦变速系统，你需要手动拉伸或放松变速线，使拨链器正好与链轮咬合。所有的变速操纵杆一般简称为变速杆。

所有的拨链器上都有两颗调节螺丝，分别标示为H（高）和L（低），用来设定拨链器的上限和下限位置。如果没有这两颗螺丝，链条可能从链轮上掉落。

后拨链器的调节

开始调节之前，首先要检查后拨链器的状况。它应该位于飞轮的下方，垂直于地面，不应该变形。我们可以用肉眼观察，如果有矫正工具，可以更精确地测量。

在调节变速线之前，首先要检查拨链器的极限位置。为了方便调节，可以先取下链条，但不是必须

的。松开变速线，首先调节H限位螺丝。这颗螺丝限制拨链器在最小飞轮的位置，除非你用的是Shimano RapidRise后拨链器，否则这也是拨链器保持自然状态的位置。调节这颗限位螺丝，使上导轮位于最小飞轮外缘的正下方。

接下来调节L限位螺丝。如果已经取下链条，将拨链器向后拉，将其推到最大飞轮下方。多尝试几次，你就能感觉到拨链器在撞击限位螺丝。此时，拨链器应该位于最大飞轮的正下方。如果不是，继续调节L限位螺丝。如果链条在链轮上，你需要用手转动曲柄，并换到最小挡位。

让拨链器回到最小飞轮的位置，或者转动脚踏，把挡位变到高位，拉紧变速线并锁紧。如果之前取掉了链条，现在重新装上。如果前面是三片盘，选择中间的一片；如果前面是两片盘，选择小片。用变速拨杆来回变速几次，最后停在高挡位，检查变速线的张力。如果线太松，变速时链条无法从小飞轮变到旁边大一片的飞轮上。这种情况下，逆时针旋转调节螺母，增加线的张力。如果线太紧，链条会快速移动到大飞轮，而不愿意回到小飞轮上。这种情况下，顺时针旋转调节螺母，释放线的张力。如果线非常松，将调节螺母完全拧进去，将线松开后，重新拉紧、固定。

如果运气不错，此时变速就调节好了。用变速拨杆选择中间挡位，查看（并倾听）链条的位置。链条应该正好坐落在链轮上，不会摩擦到相邻的飞轮片。如果发生摩擦，用调节螺母微调。来回变速几次，重新检查定位系统。接下来进行道路测试，必要时进行微调。

Shimano RapidRise拨链器

RapidRise曾经是Shimano重新引进老理论的一次尝试。这个理论很简单：加速或冲上坡的时候，需要快速变到小挡位。为了实现这一功能，后拨链器的弹簧被反过来，使拨链器的自然位置是在最大飞轮下面。在弹簧的辅助下，变到低挡位更加有效。而正常的拨链器是在变到小挡位时，需要对抗弹簧的张力，迫使链条向左移动到大飞轮。

这个理论很完美，但不幸的是，这个系统并没有受到欢迎。撰写本书时，Shimano已经将这套系统从其畅销套件中去除了。这种拨链器的调节方法和普通拨链器相同。

尾钩

所有的铝合金和碳纤维车架以及部分钢架都使用可更换尾钩。这种设计使车手即便摔车时摔坏尾钩也可单独更换，从而避免更换整个车架。如果尾钩弯曲或损坏，就需要更换。很多山地车手会随身带一个尾钩。每辆车都有自己独特的尾钩，因此最好能从当地车店订购一个，即使你从不带在身边，也是值得的。

1 如果变速线本身有问题，调节后拨链器的意义则不大。因此，开始前先检查并润滑变速线。可以将车倒过来调节，不过最好还是将车挂在修理台上。

2 H和L限位螺丝的标记通常不容易看见，因此，分清楚后可以考虑用修正液或其他东西自己做标记。松开变速线，设定拨链器的高限位。旋拧H螺丝，使上导轮位于最小飞轮的正下方。

3 调节低挡位限位的方法不止一种。最简单的方法是取下链条，将拨链器推过去。也可以带着链条调节，不过需要转动曲柄。另外，还可以锁紧变速线，操作变速拨杆，使拨链器移动到低挡位。调节L螺丝，使上导轮位于最大飞轮的正下方。

4 将拨链器变到最高挡位，拉紧变速线。链条在前面放在中间齿盘（3片）或小齿盘（2片），后面选择中间挡位。用调节螺母进行微调，使链条在链轮上顺畅转动。来回变速几次，必要时调节变速线张力。

H和L螺丝的位置

在后轮处：
■ 小飞轮是高挡位，限位螺丝标记为H；
■ 大飞轮是低挡位，限位螺丝标记为L。

在脚踏处：
■ 小齿盘是低挡位，限位螺丝标记为L；
■ 大齿盘是高挡位，限位螺丝标记为H。

B调节螺丝

大多数传统的后拨链器都有一颗小的螺丝，用于调节主安装转点弹簧的张力。如果导轮距离大飞轮（低挡位）很近，就需要调节这颗螺丝。将链条变到前面的小齿盘上，将后面调到低挡位。调节这颗螺丝，使导轮不会碰到飞轮。

Sram 对 Shimano

　　如果要在一辆车上混搭Sram和Shimano的套件，首先要仔细检查。虽然这两家的大部分组件可以互换，但是变速拨杆和拨链器不行。Sram确实有几款可以兼容Shimano的变速拨杆和拨链器，但是大部分还是不兼容。这主要是因为两家制造商的定位系统拉线比不同，Sram的是1∶1，而Shimano是2∶1。

前拨链器

　　前拨链器的种类繁多。这是一款现代的上摆（转点在安装位置的上面）双拉山地车前拨链器。线既可以从上面穿过也可以从下面穿过。夹环也有不同的直径规格。种类包括挂耳式和E形拨链器等。挂耳式前拨链器用螺丝固定在座管安装座上，E形拨链器则是安装在中轴旁边。

前拨链器的调节

　　前拨链器的调节步骤和后拨链器差不多。首先确定拨链器的高度。外拨链片应该不蹭大齿盘。拨链片应该与齿盘平行。变到低挡位，松开变速线。找到低位限位螺丝（L），后拨链器挡位放在中间，调节限位螺丝，使内拨链片不蹭链条。

　　拉紧变速线并固定。转动曲柄，将拨链器变到大齿盘。调节H限位螺丝，使链条能够被推上大齿盘，但不能推过。此时，变速拨杆应该正好停在高挡位。转动曲柄，重复变速。如果是三片式牙盘，选择中间齿盘，然后来回变速后飞轮几次。

　　前面变到最低挡位，检查线的张力。用变速拨杆后面的调节螺母拉紧变速线，后飞轮上下变速几次。当链条移动时，观察是否蹭拨链片。当后面选择最低挡位时，可能需要微调L螺丝。将前拨链器变到最大齿盘，重复此过程。

　　如果是三片盘，选择中间齿盘，然后变换不同的挡位，保证链条不会蹭拨链片。必要时调节变速线的张力。

1 新型号的Shimano前拨链器上都有一个安装指示贴纸。调节或重新安装前拨链器时，拨链片下缘距离大齿盘上缘大约2mm。

2 调节前，检查前拨链器的拨链片是否与齿盘平行。这里为了便于看得清楚，已经去掉了链条和变速线。

3 当链条在小齿盘上时，调节L螺丝，使内拨链片不蹭到链条。转动曲柄，检查小齿盘是否弯曲或蹭拨链片。

4 扳动摇臂，使拨链器位于最大齿盘上面，然后调节H螺丝。外拨链片应该距离大齿盘1mm左右。

5 现在安装变速线，将其正确穿过过线座，拉紧并固定。

定位系统的微调

在理想情况下，按照之前的调节步骤就应该能够得到完美的、安静的变速系统。然而现实却不是这样。磨损的零件和不完美的链线会给定位系统的调节带来麻烦。你可能需要容忍某些挡位，特别是极限挡位的不完美。但是，一定要将常用的挡位调节好。如果你住在多山的地区，则可能更多使用低挡位，因此要从第三个或第四个飞轮片开始调节，而不是从中间（假设你用的是一套9速系统）。限位螺丝也是一样，特别是低挡位的限位设置。你会发现需要往回调节一点，让变速拨杆在向下变挡后完全松开。

全避震山地车上的前拨链器需要微调来适应摇臂的上下运动。有时候，前拨链器很小的角度变化就能够让链条和后避震器一起运动，而且不会蹭拨链片。

三片式牙盘可能遇到的一个问题是，从中盘变到小盘时，你需要依靠弹簧的张力将链条拉到最小盘上面。如果弹簧发生疲劳就会引发问题，不过，如果先将后拨链器换到低挡位，通常可以避免这个问题。

6 剪掉多余的线，安装线帽。变到中间齿盘（三片式牙盘），上下变换所有飞轮片挡位。检查链条是否蹭拨链片。必要时调节线的张力。

什么时候需要这么做：
■ 更换变速线时。
■ 变速质量下降。

耗时：
■ 小调节大约需要15分钟，特别是如果有支架能抬起后轮的情况。

难度：🔧🔧🔧
■ 并不是很难的工作，不过完美调节需要一定的耐心。

拨链器的拆卸、保养与安装

后拨链器

大部分后拨链器都是直接安装在尾钩上面的。尾钩是车架，特别是钢架后钩爪的一部分。大部分非钢架都使用可拆卸的尾钩。老式的自行车和非定位变速系统的自行车一般将拨链器直接安装在钩爪内。这种被称为支架安装拨链器。

如果拨链器因破损而需要更换，选择同类的产品比较简单。如果决定升级，需要考虑的最重要的事情就是"腿"的长度要相同。"腿"的长度分几种，以适应不同的链轮组合。有些产品会说明兼容的最大飞轮齿数，另一些则说明总容量，即后面飞轮最大与最小齿数的差加上前面牙盘最大与最小齿数的差。例如，10速传动系统，12-25齿的飞轮，39/52齿的牙盘，前后的齿差都是13，因此总容量为26。

Shimano的后拨链器则经常标明的是允许的最大飞轮齿数和最大前齿差。

拆卸后拨链器时需要拆卸链条和变速线。对于支架式拨链器自行车，必须先拆掉车轮，松开小锁紧盘，然后才能拆掉拨链器。其他类型的变速器，使用六角扳手即可拆下拨链器。

拆掉拨链器后应该清洁并检查。最常见的磨损点就是导轮齿、四边形框架的转点和B螺丝转点。不需要太在意导轮的左右摇晃，将它设计成这样的目的就是为了辅助变速。导轮部分可以分解，以方便更换。大多数拨链器都有一个小的C形夹子，用于固定主安装螺栓和转点弹簧。将它拆除，然后清洁并检查转点。

然而，如果你使用的是一个便宜的后拨链器，可能没法单独购买零件。即使可以更换零件，最好还是升级一个更好的后拨链器更划算。

更换后拨链器可能会遇到一个问题——安装螺栓可能卡在拨链器上。需要花点时间对齐螺栓和尾钩，然后慢慢拧，如果感觉到有不正常的阻力，停下来重新来。如果螺纹损坏，那就要更换新的尾钩；如果尾钩和车架是一体的，也不要绝望，可以重新攻螺纹。如果螺纹严重损坏，使用专业的工具，钻开尾钩，安装新的螺纹套筒，仍然可以使用。

导轮

花点时间检查导轮的状况。左边的导轮已经严重磨损，需要更换。中间的导轮也已经磨损，但是仍然可以继续使用。右边是新导轮。更换导轮之前，检查转点和其他可以活动的零件，有时整体更换比只更换导轮更经济。

转点螺栓

如果更换后拨链器，最好将转点螺栓取下来。用它来清洁、检查尾钩的螺纹很有效。

1 取下链条和变速线。扶住拨链器，使用优质的六角扳手拧下安装螺栓。

2 清洁拨链器，检查磨损状况。如果准备分解拨链器，记住导轮的安装顺序，因为它们并不相同。

后拨链器分解图

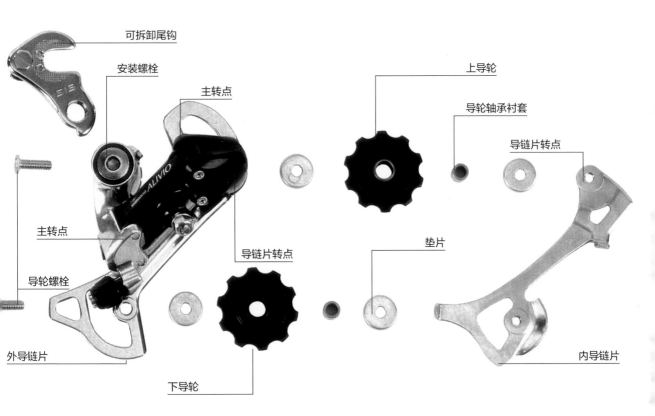

可拆卸尾钩

安装螺栓

主转点

上导轮

导轮轴承衬套

导链片转点

主转点

导链片转点

垫片

导轮螺栓

外导链片

内导链片

下导轮

3 撬出C形夹子，然后拆除转点螺栓和弹簧。如果你觉得后拨链器需要润滑，可以现在做。

4 重新安装时要小心。在尾钩后面放一根手指能够指导拨链器进入正确的位置。

5 如果只更换导轮，可以不拆卸链条。每次更换一个导轮。

6 重新安装拨链器、变速线和链条，调节定位系统。

后拨链器品牌简介

Campagnolo

拥有生产高端公路车套件的悠久历史。*Campagnolo* 的拨链器只能搭配整套 *Campagnolo* 套件使用。

Shimano

Shimano 为所有车型生产不同类型的后拨链器。新款的影子后拨链器取消了后面的大圈走线。

Sram

Sram 早期的拨链器是热塑材料的，如今基本都是金属的，高端产品也有碳纤维材质的。其只有部分产品兼容 *Shimano* 产品，因此混搭时请确认清楚。

Sunrace

作为兼容 *Shimano* 的品牌，*Sunrace* 生产多种拨链器，但是目前在欧洲市场并不常见。零件市场基本见不到它们的身影。

Suntour

Suntour 曾经也是配件市场的主力军之一，现在已经不再推出拨链器了，而是使用 *SR Suntour* 这一品牌名专注生产避震器。*Suntour* 的拨链器也和 *Shimano* 兼容。

前拨链器

前拨链器藏在牙盘的后面，不会遇到后拨链器那种碰撞损伤问题。它的主要磨损点在几个转点和拨链片的内边缘。握住拨链片，左右摇动，检查旷量。很难确定多大旷量是可接受的，但是如果变速出现问题，说明拨链片已经磨损，需要更换拨链器了。

和后拨链器一样，前拨链器的种类也很多。传统的公路车上一般使用窄版下拉下摆的拨链器，变速线沿下管穿过，从五通向上穿过拨链器。说它是下摆，因为安装座位于拨链片的上面。随着山地车和旅行车的市场需求日益增大，市场上出现了宽版的拨链器——兼容三片式牙盘，以及上拉上摆的拨链器，以解决座管不同和后避震器的出现所带来的问题。

大部分前拨链器通过简单的锁紧系统安装在座管上，通过不同的垫片适应不同直径的座管。某些公路车需要直装式拨链器，安装在座管的挂耳上。Shimano 还提供 E 形前拨链器，通过特殊的支架安装在五通旁边。

不同于后拨链器，前拨链器并没有可以修理或更换的地方。如果它老化或损坏，整体更换是唯一的选择。更换同种拨链器相对容易。如果决定升级，应该先主要考虑座管的直径。拉线已经不是什么问题，因为如今很多前拨链器都是双拉的。

> ## 什么时候需要这么做：
> ■ 拨链器老化或损坏。
>
> ## 耗时：
> ■ 更换后拨链器大约需要 15 分钟，更换、设定前拨链器至少需要 20 分钟。
>
> ## 难度：🔧🔧🔧
> ■ 更换后拨链器比较简单，不过前拨链器通常需要花时间正确定位。

1 很多前拨链器的内外拨链片通过一颗螺丝连接。拆下变速线和安装环后，就可以拧下这颗螺丝。

2 小心分开拨链片，将其从链条上取下。如果拨链片用铆钉固定，则必须拆掉链条才能取下。

3 Shimano的新款前拨链器上会有一张贴纸。如果安装的是旧拨链器，最大齿盘上缘和拨链片的下缘应留出2mm的空间。

4 设定高度后，水平转动本体，使其与齿盘平行。

5 重新安上变速线（最好更换新变速线）。保证变速拨杆在最低挡位，拉紧变速线并锁紧。按照前文介绍的方法调节。

6 挂耳式公路车前拨链器的拆除方法与夹环式前拨链器的方法类似。

7 挂耳式前拨链器没有转动调节功能，不过可以小幅上下调节。

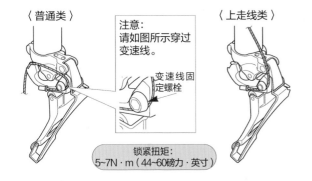

〈普通类〉

注意：
请如图所示穿过变速线。

变速线固定螺栓

〈上走线类〉

锁紧扭矩：
5~7N·m（44~60磅力·英寸）

E形前拨链器

为了应对座杆的角度不断增加，以及某些避震自行车没有真正的座杆的情况，Shimano推出了一种固定在五通旁边的安装支架来安装前拨链器。

走线

很多新款的前拨链器都是双拉的，如图所示，它们既可以上摆也可以下摆。

卡飞、旋飞、链轮

车后部处的每个链轮叫做一个飞轮片，因此单速自行车只有一个飞轮片。后面有多个飞轮片的变速系统通常叫做飞轮，目前主要使用的是卡式飞轮（简称卡飞）。它与传统飞轮的主要区别在于，卡飞直接插到塔基上，用锁紧环锁紧。旋飞和大多数单速自行车的飞轮都是通过螺纹直接拧在花鼓上的。

旋飞本体上带有棘轮装置；卡飞的飞轮和棘轮系统是分开的，塔基（棘轮系统）安装在花鼓上。Shimano的卡飞系统让花鼓的轴承能够移动到花鼓外面。在飞轮数量不断增加的同时，这样的结构让后轴心得到了最大的支撑。

旋飞的后轴心的轴承在飞轮组的内侧，这种结构的两大缺点是：首先，轴承在飞轮的内部，不能完全支持轴心；其次，骑车人所有的力量需要通过花鼓上的螺纹传递到轮胎上，这让旋飞非常难拆卸。卡飞只需要一个专用拆卸工具就可以了。旋飞则至少有四种不同的工具，包括一种卡槽式工具和三种花键工具。

单速自行车使用单一的旋飞，上面自带棘轮装置。它们的拆卸方法类似。场地车和死飞车（公路版场地车）的飞轮也是通过螺纹固定，然后用一个左旋螺纹的锁紧环锁紧。有些系统使用一种类似卡飞的"滑入式"飞轮，只需要一个锁紧环就可锁紧。塔基通过转换装置也可以使用单飞轮。

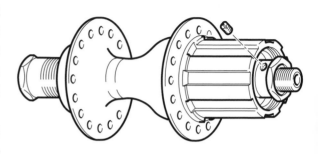

Campagnolo后花鼓

拆卸Campagnolo塔基需要先拆掉一颗平头螺丝和一个锁紧螺母。

Shimano后花鼓

这张图展示了塔基内轴承的位置。旋飞系统中，轴心的轴承在辐条安装孔的下面。

飞轮的拆卸

1 这是Shimano卡飞的锁紧环。大部分花鼓制造商都采用Shimano的系统，只有Campagnolo使用他们自己的锁紧环。

2 松开锁紧环需要一把链鞭来把持飞轮，用另一个专用的工具旋拧。松开锁紧环通常需要很大的力量。

3 逆时针转动工具。飞轮松开时会发出尖锐的声音，这是锁紧环的锯齿状牙从塔基上松脱的声音。

 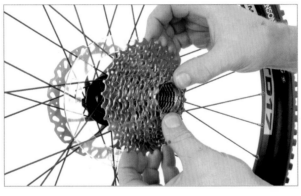 

4 取下锁紧环。有些锁紧环下面还可能有一片非常薄的垫片，请收好。

5 把飞轮组整个取下来，也可以一片片取下。注意飞轮间的垫圈。最大几片飞轮通常是一体的。

6 取下飞轮后的塔基。

塔基

必须先拆卸后轴心和轴承才能取下塔基。Shimano的塔基无法修理，出现问题必须整个更换。

卡飞的质量

这两个飞轮都是新的。不过，左边的卡飞，较大的几片固定在单独的支架上，品质要高很多，而且比右边的卡飞也轻很多。

Campagnolo锁紧环

Campagnolo使用他们自己设计的锁紧环，需要特殊的工具才能拆卸。

旋飞的拆卸

1 拆下后轴固定螺母或快拆杆。请确认你有正确的工具。

2 放上拆卸工具，重新装上轴心螺母或快拆杆，用手指拧紧。然后将工具用台虎钳固定，转动车轮。

3 如果没有台虎钳，使用活动扳手或者最好有一个大套筒。飞轮一旦开始松动，松开轴心螺母或快拆杆，继续拧下飞轮。

4 重新安装飞轮或安装新飞轮时，最好在螺纹上涂抹大量的黄铜类抗粘合剂。

某些老式的旋飞也有可拆卸的飞轮片，因而可以调整齿比或更换磨损的飞轮。不过现在已经很难找到修补件了。

旋飞的专用拆卸工具

拆卸旋飞必须要有正确的工具。如果你认为工具可能滑脱，在上面盖一块布，以免自己受伤。如果整个花鼓一起转动，并且辐条变形，尝试用渗透液渗透一个晚上。如果还不行，就需要考虑更换整个车轮和飞轮了。

什么时候需要这么做：

■ 如果链条已经磨损而没有引起及时的注意，导致飞轮需要更换。
■ 如果你想改变齿比。
■ 如果塔基可能出现问题。

耗时：

■ 拆掉车轮后，更换卡飞大约需要15分钟。旋飞非常难拆，至少需要30分钟。

难度：🔧🔧🔧

■ 只要工具正确，卡飞很容易拆卸，而旋飞比较麻烦。有时候，不毁掉车轮是拆不下飞轮的。

单速飞轮

1 这个花鼓不分正反，一边安装死飞飞轮，另一边安装活飞飞轮。只要将车轮翻转一下就可以从死飞变成活飞，因此这个花鼓也称为"两用"花鼓。

2 将旋飞拧上去。注意单速花鼓的两种常见螺纹规格：BMX自行车一般使用米制螺纹（M30×1），其他的均为英制螺纹［1.37英寸×24TPI（Threads Per Inch）］。

3 死飞飞轮要顺时针安装，然后用一个正螺纹锁紧环锁紧。

4 要拆卸死飞飞轮，首先使用正确的工具拆掉锁紧环，然后使用链鞭拆卸飞轮。

5 这种Miche系统需要一个转接器和一个标准的锁紧环。安装转接器后，可以快速更换飞轮。

紧链器

紧链器安装在尾钩上，让单速飞轮能够使用在垂直钩爪的车架上。如果你想改用卡飞，还需要单速飞轮的转换装置。

牙盘与曲柄

大多数安装铝合金牙盘和方孔曲柄的自行车都可以更换其牙盘的盘片。每片盘片都是用4~5颗盘钉固定的，需用特殊的扳手锁紧。两片式的牙盘一般将两片盘都用盘钉固定在曲柄上。典型的三片式牙盘则只有最小盘通过单独的盘钉直接固定在曲柄上。山地车一般使用四钉牙盘，公路车则多为五钉牙盘，但并不绝对。

很多牙盘都有变速齿，内侧边缘还有凸起，帮助链条爬升到盘片上。不过小齿盘通常不需要。低档的牙盘可能是钢制的，也没有变速齿，用铆钉固定。这种牙盘不能更换盘片，磨损后必须整体更换。

更换牙盘时，注意大盘片外面有一颗钉。它应该位于曲柄的正后面，用于防止链条掉落。另几片盘上会有指示正确安装位置的标记，必须安装正确，变速才可能顺畅。另外了解BCD的概念也很重要，BCD即"盘钉组成的圆的直径"，用它来说明盘片的大小和齿数。比如一个典型的Shimano四钉三片式牙盘，两片大盘的BCD是104mm，最小盘的BCD是64mm。这说明此牙盘能够接受44/32齿或48/36齿的大盘和中盘，以及26齿或22齿的小盘。

公路车的两片式牙盘的BCD是130mm，能够接受39齿或42齿的小盘搭配50齿或52齿的大盘。下页的表格给出了不同牙盘BCD值。

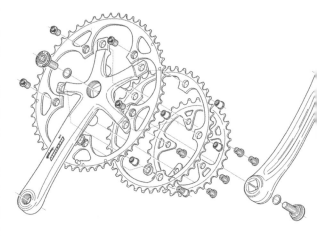

这是一个安装在方孔中轴上的五爪三片式牙盘，是旅行车的最佳选择。注意大盘外面下方那颗钉的位置。它必须位于曲柄的后面。

典型的公路牙盘

这是一款典型的五爪公路车牙盘。它的BCD是110mm，安装了48/34齿的盘片。这种盘片组合通常被称为压缩盘，因为它比一般的52/39齿的牙盘小。

盘片的拆卸

1 大盘片通常可以单独拆下来。依次拧松每颗盘钉半圈。

2 拆掉特殊的盘钉。它们通常是内六角头，偶尔也有使用星形头盘钉的。

3 将盘片取下（注意是否有垫片）。

4 三片式牙盘的最小盘一般是单独固定的。

螺栓圆直径（BCD）

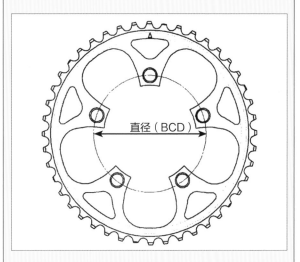

直径（BCD）

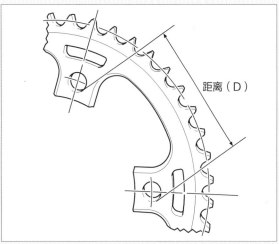

距离（D）

如果你准备更换盘片，必须要知道该牙盘的BCD。拆掉旧盘片，测量距离（D），然后根据下表换算BCD。

五钉牙盘		四钉牙盘	
D（mm）	BCD（mm）	D（mm）	BCD（mm）
34.1	58	41.0	58
43.5	74	45.3	64
50.6	86	48.1	6 8
55.3	94	72.1	102
67.7	110	73.5	104
71.7	122	79.2	112
76.5	130	103.2	146
79.4	135		
84.7	144		

牙盘和曲柄的拆卸

近几年，曲柄的安装锁紧方式发生了很大变化，出现了几种不同的系统。多年以来，曲柄要么是通过曲柄销固定，要么是通过由法国的Stronglight最先设计出的方孔固定。

Shimano专利的花键曲柄取代了方孔曲柄后，各种新标准的相互竞争也随之产生，包括Truvativ的12花键Powerspline，Truvativ、Raceface和King开发的公共标准（这种被称为ISIS的设计有10个花键），以及Shimano的Octalink（有8个花键）。

曲柄技术的最新发展是将轴承移到五通外面，使轴心变成牙盘组的零件，而不再是中轴的零件。使用这一系统的套件包括Shimano的Hollowtech II、Campagnolo的Ultra-Torque和Truvativ的GXP。

如果你只更换牙盘，不换中轴，而它又不是方孔的，一定要选择同一厂商的配件，从而避免兼容性问题。

大多数牙盘都需要特殊的工具拆卸。这些牙盘虽然样子都很像，但是适用的工具却不同，一种是方孔的，另一种是花键的，不过两种工具都是通过曲柄上的细螺纹操作的。细螺纹也有个问题，那就是容易损坏。因此，在安装牙盘拆除器之前一定要先清洁并润滑螺纹。拆卸牙盘需要很大的力气，特别是很久没拆过的方孔牙盘。

如果你认为自己可能会破坏曲柄内的螺纹，那么停下来，取下工具。将车放倒，用大量的渗透液渗透曲柄孔处，尽量保持一个晚上。如果牙盘还不肯下来，使用热吹风机吹曲柄孔。金属间不同的膨胀率会使铝合金曲柄和钢轴心分离。

如果不小心损坏了螺纹，还可以使用汽车的双腿或三腿推出器拆下曲柄。注意需要先拆掉盘片才能用推出器取下曲柄（这种方法可能会损坏牙盘架，慎用）。

安装方孔曲柄时是否应该润滑安装孔还存在争议。到底应该润滑后安装还是直接装呢？润滑能够保证安装螺栓将曲柄完全套在中轴上，不润滑能够保证曲柄和中轴的紧密接触。无论选择哪种方法，都要在骑行一段距离后，例如100英里，检查牙盘螺栓是否依然紧固。

这是Stronglight公司的方孔牙盘。方孔系统就是这家公司发明的。

方孔牙盘

1 如果你的牙盘带有防尘盖，先用螺丝刀撬开防尘盖。

2 清洁并检查曲柄内的螺纹，润滑工具后再操作。

3 小心安装工具，细螺纹容易坏。

4 握住曲柄，用扳手拧紧工具。某些工具提供内六角操作面，可以使用内六角扳手。

5 继续向里拧工具，直至牙盘脱落。在另一侧重复该过程。

自退螺栓牙盘

1 有些牙盘使用自退螺丝固定。在确保外盖螺栓紧固的情况下，松开中心的六角螺栓。用右手握持曲柄。

2 只要使用一个足够大的初始力，曲柄就会从花键上面脱落。

3 取下外盖螺栓（有些螺栓可能是左旋螺纹，上面会标注），然后拆卸主安装螺栓。

4 检查中轴是否转动顺畅。清洁并给主安装螺栓重新上油。

5 重新安装或更换牙盘，拧紧主安装螺栓（尽量使用扭力扳手）。

6 重新安装曲柄盖螺栓，然后使用针钩式扳手上紧。

专用工具

常见的牙盘拆卸工具有两种。窄头的适用于方孔曲柄，宽头的适用于花键曲柄。

如果曲柄内的螺纹损坏，使用小号的双腿或三腿机动车推出器（配合一定的热风吹烤）也可以将曲柄拆除。不过，操作热吹风机过程中要小心，你的目的只是让铝曲柄变热。

传统的销式牙盘

1 从曲柄销上取下螺母和垫片。上一些渗透液，然后将曲柄销敲出。

2 如果旧的销钉状况很好，还可以重复使用。如果要更换，用旧的作参照去购买。

3 将新旧两个销钉放在一起作对比，必要时，锉掉边缘。注意不要一次锉太多。

4 装上曲柄销，锉过的边缘应该与轴心的凹槽吻合。将销钉完全敲进去，装上垫片和螺母。

带曲柄销的牙盘和中轴

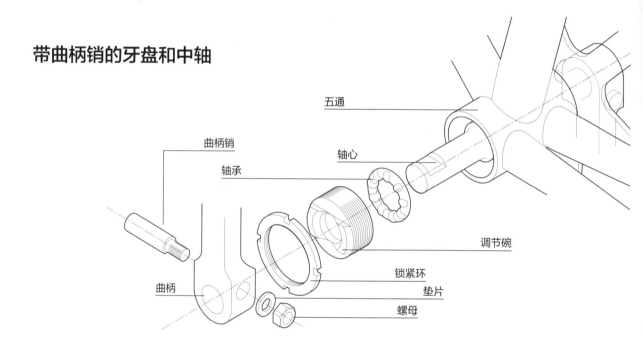

五通

曲柄销

轴承

轴心

调节碗

锁紧环

垫片

螺母

曲柄

Sram 自退螺栓牙盘

1 Sram的高端碳纤维牙盘组使用的是自退螺栓。

2 不要试图拆除大六角螺栓。先在自退螺栓上滴一滴润滑油。

3 使用长柄8mm六角扳手拆除螺栓。

4 螺栓刚开始很紧，之后就可以轻松拆下曲柄了。

Truvativ GXP牙盘

1 用6mm六角扳手取下防尘盖和安装螺栓。

这是一个大口径的一体轴心牙盘，可以看到安装左侧曲柄的是花键。注意大齿盘和中齿盘上的变速齿的凹凸，它们能保证高效顺畅的变速性能。

2 现在你能看到大口径的轴心。

3 你需要一个宽口的推出器拆卸牙盘。清洁螺纹，安装推出器。

4 推出器完全装好后，向里旋拧。

5 拧动曲柄需要很大的力气，但只要曲柄松动了，就可以轻松取下。

6 取下牙盘。必要时，使用软锤将牙盘敲出。

7 安装牙盘时，应该在轴心上涂大量的润滑油脂。

Shimano老款的XTR牙盘

1 Shimano早期的XTR和Dura-Ace牙盘使用外置轴承系统和Octalink花键轴心，需要用专用工具（TL-FC35）操作。

2 用工具另一头取下防尘盖。注意螺纹的方向（左侧曲柄）。顺时针旋松。清洁并润滑曲柄的螺纹，装上工具。

3 逆时针旋拧工具上紧，此时工具就像是主曲柄螺栓的轴承面，拧下它曲柄就会脱落。事实上，它将XTR牙盘变成了自退螺栓的牙盘。

4 使用8mm六角扳手穿过工具，逆时针旋拧，拆下曲柄（开始可能会非常紧）。

5 从曲柄上取下工具。松开2.5mm的六角螺丝，将可调节锁紧环完全退出到曲柄的后面。

6 装回曲柄。用8mm六角扳手上紧，扭矩为50N·m，装回防尘盖，使用针钩式扳手上紧密封盖。

7 使用TL-FC17工具消除轴承的旷量。如果没有专用工具也可以操作，因为锁紧环就压在轴承上。晃动曲柄，转动锁紧环，直到旷量消除。上紧锁紧环上面的六角螺栓。

专用工具

这些是拆除牙盘的专用工具。TL-FC35是必需的；TL-FC17是可选的，因为锁紧环可以用手拧紧。

Shimano Hollowtech II牙盘

　　Shimano的Hollowtech II 牙盘采用外置中轴，从而增强了刚性，以对抗中轴的扭力，至今仍然在很多车上使用。将中轴移动到五通外侧还能增加轴心的直径，而又不增加轴承的尺寸。

　　如果你想把车升级成外置轴承，需要用铣削工具清理五通的侧面。这个工具很贵，因此这个工作最好让车店来做。

1 开始工作前，将前拨链器变到最小齿盘。松开曲柄侧面的两个螺栓，使用工具或大号螺丝刀去掉塑料盖。

2 交替旋拧两颗螺栓，每次拧半圈，直至完全松脱。

3 为了明确起见，我们将两颗螺栓和塑料垫片取下来。不过你只要松开两颗螺栓就可以拆下曲柄。

4 取下曲柄，露出外置轴承。曲柄安装孔内侧通常有O形环，注意不要将其留在花键上。

5 使用软锤将驱动侧牙盘敲出，同时从最小盘上取下链条。

6 拆下后检查齿盘的磨损情况，特别注意花键是否损坏。重新安装牙盘和曲柄。使用专用工具将非驱动侧的曲柄装入位。

7 轮流拧紧螺栓。最后用扭力扳手锁紧。注意别忘了装回塑料盖。

Campagnolo Ultra-Torque牙盘

1 使用一把10mm内六角扳手和一把长柄的10mm梅花扳手拆卸中央锁紧螺栓。

2 旋松并取下螺栓。这颗螺栓的锁紧扭矩是42N·m，因此可能需要一定的力气才能松开。

3 拉出左侧曲柄。这一侧的曲柄和轴承一起取出。

4 从轴碗中取出波形垫圈。它也可能和曲柄一起出来，因此注意不要弄丢。

5 从驱动侧曲柄上取下安全弹簧夹片，然后取下牙盘，注意收好波形垫圈。

Campagnolo的安全弹簧夹

这个安全夹必须安装在驱动侧的曲柄上，未安装不得使用。

Campagnolo 的Hirth 齿连接牙盘

Campagnolo的Ultra-Torque牙盘的轴心是分体的，中间用Hirth齿对接。这种结构非常结实，而且自动居中，不过生产成本很高，只见于高端的套件上。由于这种咬合方式是对称的，因此可以有效对齐牙盘组。

一体式牙盘

　　这种牙盘通常使用在童车和入门级BMX自行车上，通常配合加大的五通使用。这种牙盘通常叫做"Ashtabula"，非常结实，而且性价比高。它的弱点就是中轴密封性不好。

　　由于锁紧环上紧时很难控制内部的轴碗，因此调节中轴的旷量非常耗时。

可能需要多试几次才能使曲柄顺畅转动且没有旷量。

　　新式的BMX自行车通常采用两片或三片式牙盘。不过每个制造商的标准都不尽相同。某些系统通过五通内的螺纹安装，而另一些则采用压入式中轴。

1 必须先拆除左侧的脚踏才能操作一体式牙盘。使用活动扳手松开轴承锁紧环，逆时针拆除。

2 接下来松开轴碗。有些型号上面有凹槽，可以用锥子顶住凹槽并敲击松开轴碗，另一些则需要针钩式扳手拆卸。

3 将轴碗完全拆除，将一体曲柄穿过五通。如果轴承还在五通中，拆下曲柄前将它取出。

4 如果轴碗磨损，可以将其敲出。安装时用台虎钳将其压入，或者使用长螺纹扳手和套筒。更换牙盘时，取下轴承，然后将内轴碗从曲柄中敲出。

BMX牙盘

1 松开后轮的螺母，然后松开曲柄螺栓。如果是只有一颗螺栓的结构，则非常紧。

2 松开并取下曲柄安装孔的螺栓。

3 现在可以取下曲柄。某些型号的产品，需要完全拆下锁紧螺栓才能取下曲柄。

4 收集好垫圈，注意其顺序。

5 转动曲柄，取下链条，将牙盘和驱动侧曲柄完全退出。

6 这个牙盘使用压入式中轴。轴承之前有个浮动垫圈，需要先拆下一边的垫圈，才能将中轴敲出。

7 盘片损坏后也可以拆除。为了保护曲柄，可以将盘片放在工作台上。松开盘钉，拆下盘片。

8 重新安装时，使用轴心螺栓将中轴预压入五通。调节预压，使曲柄没有旷量且能自由转动。此时就可以完全上紧曲柄的锁紧螺栓。重新安装链条，调节紧链器。

什么时候需要这么做：
- 需要处理中轴时。
- 牙盘磨损时。
- 曲柄磨损或脚踏安装螺纹损坏时。

耗时：
- 完全拆卸的话，至少需要1小时。

难度：🔧🔧🔧
- 拆卸方孔牙盘比较困难，其他牙盘都比较容易拆卸。

变速操纵杆

速操纵杆的种类很多，公路车的操纵杆一般叫"手变"，山地车的一般叫"指拨"。弯把公路自行车可能使用传统的梁变或者手变。平把自行车可能使用普通的无定位系统的变速拨杆、转把或双控。

　　每个主流制造商都有自己的变速操作系统。Shimano有公路使用的STi系统以及平把车使用的Rapid Fire、RevoShift和指拨。Sram则推出了Gripshift转把以及指拨。下弯把车的变速杆则是刹车、变速一体的DoubleTap新系统。编写本书之时，Campagnolo只为下弯把自行车提供变速操纵杆——Ergopower系统。

　　内变速自行车通常使用自己的变速操纵杆。这种操纵杆的种类不多，升级空间不大，更换时必须选择同类产品。

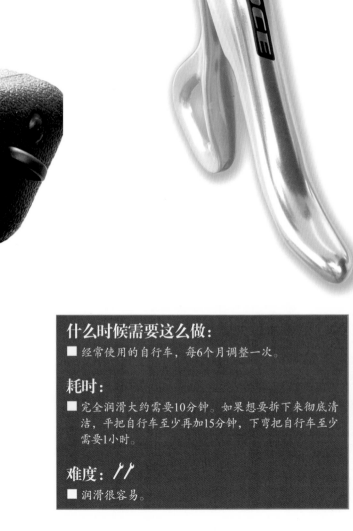

什么时候需要这么做：
■ 经常使用的自行车，每6个月调整一次。

耗时：
■ 完全润滑大约需要10分钟。如果想要拆下来彻底清洁，平把自行车至少再加15分钟，下弯把自行车至少需要1小时。

难度：
■ 润滑很容易。

平把自行车变速操纵杆

1 这种定位指拨最好使用喷雾状润滑剂润滑。润滑的同时操作指拨。

2 取下线孔螺丝盖，以方便润滑。大部分指拨的内部有很多塑料零件，因此要使用对塑料没有腐蚀作用的润滑油。大多数润滑油都没有腐蚀作用，不过使用前请确认。

3 这是Rapid Fire Plus指拨，取下变速线和下盖，彻底清洗。使用不腐蚀塑料的油脂润滑可动的零件。

4 这种转把可以通过线孔润滑。只需要少量润滑油即可。

5 大部分老式的公路车变速杆都安装在下管上。老式的旅行车也可能安装在鹅颈把立上。复位变速杆，上少量润滑油。

刹车、变速一体手变

1 松开变速线，在转点处滴几滴润滑油。在变速线和刹车线上滴润滑油，让油顺着线向下流。

2 Sram DoubleTap手变的润滑方法类似。捏几下刹车，使润滑油渗入转点。

3 松开拨链器的变速线，从手变中推出。在手变内和变速线上滴少量润滑油。

4 这是Campagnolo的Ergopower手变，翻开手变的橡胶套，使用类似的方法润滑。

中轴

轴碗和轴心类中轴

多年以来，可调节中轴是最常见的自行车中轴类型。它可以使用在所有自行车上，包括竞赛级自行车。这种中轴成本低，但生产和组装过程比较耗时，而且它的最大弱点就是没有很好的密封系统，中轴内的油脂会迅速乳化、受污染，加快整个系统的磨损。新一代密封轴承则解决了这个问题，是非常划算的升级项目。

如果中轴状况良好，润滑后可以重新安装使用。不过安装后需要调节。装入可调节轴碗，感觉到有点阻力即可。此时轴心应该没有旷量。如果必须继续上紧可调节轴碗才能消除旷量，就应该更换整个中轴系统了。如果没有问题，安装锁紧环，固定可调节轴碗不动，上紧锁紧环。检查轴心是否能顺畅转动，然后重新安装曲柄。调节过程可能需要重复几次。

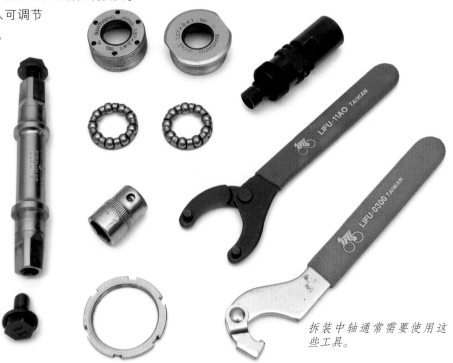

拆装中轴通常需要使用这些工具。

可替代工具

可以使用管钳拧紧锁紧环。注意不要损坏车漆。

可以使用两颗短螺丝代替针钩式扳手。用螺丝刀转动。

可以使用大号开口扳手拆卸轴碗。

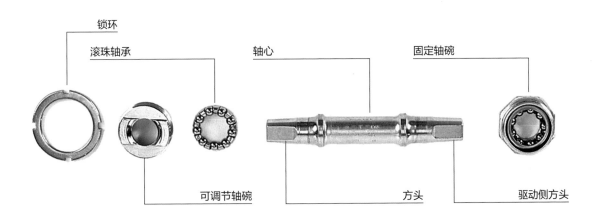

锁环　滚珠轴承　轴心　固定轴碗

可调节轴碗　方头　驱动侧方头

可调节中轴的拆卸

1 拆下曲柄。从非驱动侧开始，取下锁紧环。操作时使用C形扳手或冲子，逆时针拆卸。

2 使用针钩式扳手拆除可调节轴碗，应顺时针拆卸。

3 里面可能是滚珠或滚珠架轴承。注意不要弄丢滚珠。重新安装时，确保每侧有11颗滚珠。

4 拉出轴心，用抹布清洁、除油。有些系统在轴心外面还安装了塑料套。

5 接下来取下固定轴碗，应顺时针拆卸。清洁并检查固定轴碗。

6 如果轴碗和轴心状况良好，涂抹少量防水油脂，装入11颗新的滚珠。如果是滚珠架轴承（9颗滚珠），也可以用11颗散珠代替。

磨损的零件

　　清洁零件后一定要检查。图中两个轴碗的涂层已经磨掉。下方的两个轴心也已经有坑注，轴承面磨损。这些零件都需要更换。可以考虑升级成密封轴承。

密封中轴

在外置中轴出现之前，密封中轴一直占领中高端自行车市场。这种通用的方孔系统领导市场多年，目前仍然使用在很多中低端自行车上。

为了寻求更结实的连接方式，Shimano和其他制造商推出了花键式安装系统。Shimano把他们的系统称为Octalink，Truvativ的系统叫Powerspline，FSA的系统叫Powerdrive。此外，还有开放的ISIS花键。而Shimano的Octalink其实还分为Octalink V1和Octalink V2两种规格。多种规格让选择中轴成为一个雷区。最保险的方案是，更换中轴时仍然选择原品牌原型号。

除了区分花键的规格外，还要注意中轴的长度、宽度和螺纹规格。这些内容都会标注在中轴本体上。附录中列出了一些常用的规格数据。

FAG中轴

FAG生产很多经济适用的主流产品的替代品，规格品种齐全。也许其唯一的缺点就是拆除时需要一把特殊的工具。不过，这个工具并不贵，而且有时也可以使用大号大力钳拆除系统。

曲柄推出器

方孔曲柄和花键曲柄分别需要不同的拆卸工具。有些供应商提供了工具转接座，可以适应两种系统。如果你今后可能会遇到两种系统，转接座是个好选择。

中轴

方孔中轴

目前最常见的类型。大部分制造商都生产方孔中轴系统。不过，Campagnolo的系统与其他系统略有差别。其中中轴仍然使用相同的方孔接头（2°），但是略长。虽然Cam pagnolo的系统与其他系统可以相互兼容，但是链线会发生变化，因此要尽量避免混用。

Powerspline

这是Truvativ的花键中轴，采用12条花键，现在已经停产了，不过，配件市场仍然可以见到。目前Truvativ的中轴基本改用了外置轴承系统和新的BB30系统。

国际标准接口系统

一般称为ISIS。这种10条花键的中轴是由King cycle group、Sram和Raceface等公司联合研发制造的。ISIS是一种开放的系统，很多制造商都使用。理论上，不同制造商的这种系统可以混用。

Octalink

Shimano推出了两种8条花键的中轴系统，其中V1是5mm的浅槽花键，用于公路车上；V2是9mm的深槽花键，用于山地车上。这两种系统不通用。

Octalink中轴的拆卸

1 图中为Octalink中轴，其他中轴系统的拆卸方法与其类似。

2 在非驱动侧安装拆卸工具。工具和花键的咬合部分很少，因此要放好工具，并用手固定。

3 放好工具后，逆时针旋拧，拆除锁紧环。

4 转到驱动侧，放好工具。

5 顺时针旋拧工具，拆卸中轴。

6 旋松，然后彻底取下密封轴承。

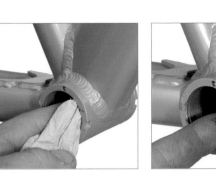 

7 拆卸中轴后，清洁并检查五通处的螺纹。如果螺纹损坏，则需要专业人员帮助。专业人员可能重新攻螺纹或者安装衬套。

8 给螺纹涂上润滑油或防粘合剂，旋入中轴。在还剩下3~4圈螺纹时停下。

9 检查新锁紧环是否和旧锁紧环一样，某些长度可能不同。将锁紧环完全旋入，然后从驱动侧完全旋入中轴。最后从非驱动侧完全上紧锁紧环。

外置轴承中轴

可调节中轴和密封中轴的主要缺点是可以装入五通内的轴心的最大直径受到限制。外置轴承系统使轴承位于五通外面，因而五通内可以安装更粗的空心轴心。这种结构不仅减轻了中轴的重量，还增加了硬度。更硬、更轻的系统让骑车人的力量可以更直接地传导给传动系统。

随着技术的进步，大部分制造商进一步加强了中轴的硬度，并将轴心与驱动侧曲柄合为一体，使重量更轻。不过仍然有些厂商使用独立的轴心。

外置中轴适用于所有标准的五通。可以通过垫片来适应不同的五通宽度。如果你准备升级成外置中轴系统，五通的连接面可能需要铣削。这个工作最好由车店来做，因为专用工具非常昂贵，而且个人很少使用。将工具旋入五通，通过铣刀铣削五通侧面。其目的是让五通界面相互平行，且垂直于螺纹。

1 拆除非驱动侧的曲柄，以及驱动侧的曲柄和牙盘。

2 选择正确的工具，拆除轴承。

3 Shimano轴承的锁紧方向标注在轴承本体上。反方向旋拧即可拆卸。

4 旋松轴承并拆除，注意塑料套。

5 在工作台上为中轴拆卸工具做一个简单的操作区。将工具装在上面，从而可以拆除轴承。

6 将夹具固定在工作台上，通过敲击冲子把旧的轴承取出。

7 在夹具上钻一个合适的孔，将轴碗固定在上面，用夹子和套筒将新轴承压入。

8 这种外置中轴有一个O形环和顶圈，将轴承压入轴碗后注意把它们放回原处。

BB30中轴

外置的中轴系统确实可以增加硬度，减轻重量，但是它的主要缺点在于增加了"Q值"。所谓Q值就是脚踏到五通中心线的距离。它影响车子过弯的能力以及踩踏动作。

Cannondale决定解决这个问题，于是推出了BB30开放标准，其中30代表轴心的直径。任何厂商都可以使用这个标准。BB30中轴的轴承是压入车架的，

缩短了组装时间，因此非常受欢迎。这种系统的另一个优点就是增加了五通的表面区域，使车架制造商能够设计制造更粗的车架管。

虽然Shimano也采用了这个标准，但是他们有转接座搭配Shimano的Hollowtech II 牙盘组，还有将BB30转成标准螺纹中轴的工具，因此现在还不能说这种系统能否成为中轴的新标准。

1 拆掉牙盘组。这只曲柄是自退式的，无需特殊工具。

2 找到里面卡簧两耳间的缺口，用冲子将轴承退出。

3 必要时，使用划针转动内部的卡簧，这样你就可以敲击轴承的另一面，从而将其拆除，也就保证了轴承能够均匀地退出五通。

4 拆掉轴承之后，使用卡簧扳手或划针拆除卡簧。装入新的卡簧，使用旧的套筒和一根长柄的螺纹杆将新轴承推入五通。重新安装牙盘组。

在五通正下方钻一个小孔能够让车架里的水流出去。不过，如果你的车还在保修期内，不建议这样做。

什么时候需要这么做：
■ 中轴出现晃动或粘连时。

耗时：
■ 拆卸大部分中轴至少需要1小时。

难度：🔧🔧🔧🔧
■ 如果有优质的中轴拆卸工具，操作应该不困难。最大的问题通常是处置五通内的生锈问题。

花鼓变速

花鼓变速即俗称的内变速，在欧洲大陆一直非常流行，最近几年开始回归到英国的通勤车和专业自行车上。如今，内变速从3速到14速都有，主要制造商包括Shimano、Sturmey-Archer、Sram和Rohloff。Shimano的产品系列非常齐全，Nexus系列提供3速、4速、7速、8速的内变速系统，Alfine系列提供8速和11速的内变速系统。Sturmey-Archer提供3速、5速和8速的内变速系统，Sram提供3速和9速的内变速系统，Rohloff则只有14速的变速花鼓。

现在很多内变速的花鼓都有一体式刹车或兼容碟刹。个别型号的产品还有发电功能。Shimano甚至推出了一种电池供电的自动设备。

内变速的一个优势就在于它的可靠性。它无需保养就可以顺畅运转数年。你唯一需要做的就是调节挡位和更换变速线。

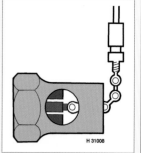

Sturmey-Archer花鼓变速调节器

这是一颗标准的Sturmey-Archer花鼓螺母，上面的观察孔用于将挡位线和轴心末端对齐。选择第二挡位后，调节挡位线，使其位置如图所示。

5速Sturmey-Archer花鼓调节的方法和3速花鼓类似，只是你需要将蓝色或红色的标记对齐轴心的末端。

拆卸后轮

1 这是个经典的Sturmey-Archer花鼓。所有的内变速自行车在拆卸后轮之前，都需要先断开挡位线。松开滚花锁死螺母和线位调节器（可能需要拆掉护链罩操作）。

2 松开车轮的安装螺母，然后用手指将它们拧下来。为了防止花鼓的轴心转动，在轴心周围和车架里都安装了特殊的垫圈。将螺母和垫圈放在一边。

3 尝试用拇指向前推轴心。或者一只手扶住车架，另一只手向前推车胎。将链条从飞轮上取下来，将车轮放在旁边。

4 重新安装时，先注意安装垫片，然后将螺母拧在轴心上，将车轮向后拉，使其居中。此时链条应该有大约12mm的浮动量。交替上紧两颗螺母，重新安装变速线。

Sturmey-Archer花鼓变速的变速线调节

1 新车的线位调节器上通常有保护罩。取下保护罩，在链节上滴几滴润滑油。

2 将挡位换到最高挡，松开锁紧螺母，拧下变速线，完全取出。松开线夹，安装新线。在相同的位置夹住线管，重新连接变速线。

3 某些产品使用导轮来减小摩擦力，使变速更加轻松。选择第二个挡位，转动脚踏几圈。查看轴心的末端。

4 调节挡位线，使控制器和轴心末端平齐（见图）。上紧锁死螺母，试骑一下。必要时进行调节。

Sturmey-Archer 8速花鼓变速

基本调节

1 新款的Sturmey-Archer内8速花鼓通常搭配转把使用。选择第四挡，开始调节工作。

2 由图可见，由于黄色的标线没有对齐挡位选择臂上的标记，因此需要调节。

3 松开滚花螺母，调节线的张力，直至标记对齐。

4 标记已经对齐，说明调节工作完成。上紧螺母，试骑。必要时重复调节。

后轮的拆卸

1 将变速杆调整到8速的位置，从后下叉的支架上松开调节器。调节器上面有一个小孔，方便快速拆卸。

2 现在可以将变速线从调节器上取下来。将线向前推，取下。

3 使用两把15mm的梅花扳手松开花鼓螺母。

4 现在从车架两侧取下锁紧垫圈。向前推车轮，使链条松脱，然后取下车轮。

5 安装过程相反。重新安装变速线，将调节器装回原位。

6 将车轮装回原位，拉紧链条。调节张力，使链条有10mm左右的浮动量。调节挡位线，然后进行试骑。

将Sturmey-Archer变速转把上面的螺丝旋出，润滑里面的零件或更换变速线。

Shimano花鼓变速

　　Shimano提供多种花鼓变速系统，目前有3速、4速、7速、8速和11速系统，可以装配倒刹、罗拉刹或碟刹。它们都非常可靠，变速顺畅，而且对保养要求很低。花鼓变速系统过去通常使用在城市车和通勤车上，如今，随着齿比的增加，逐渐开始在旅行车和山地车上流行起来。Shimano的花鼓变速大部分使用Shimano本公司的Revoshift转把操作，某些型号也可以使用Rapid fire指拨操作。

变速线的调节与更换

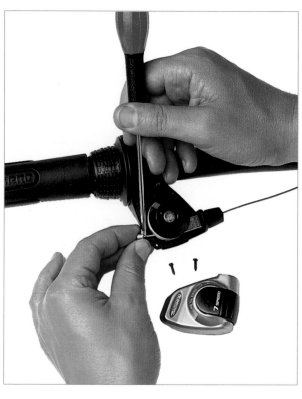

1 Shimano Nexus花鼓变速的变速线调节是在第四挡的位置。新的Alfine花鼓则在第六挡的位置。

2 从变速盒下面拆掉3颗螺丝。

3 从变速盒上面取下上盖。从曝露的部分剪短变速线。取下线帽，拔出变速线。

4 拆掉后轮处小的平头螺丝，将线取下。从变速盒末端插入新线。

5 旋入调节螺母，围绕变速盒内的3个滚子穿过新线。

6 将线绕过后钩爪，向上穿过线夹。拉紧线，上紧线夹。

7 检查变速盒是否还在第四挡，使用调节螺母，使花鼓上的两个红色标记对齐。试骑后再次检查对齐情况。必要时重新调节。

拆卸后轮

1 将Shimano的后变速花鼓变换到第一挡，使变速线松弛。

2 取下后面的花鼓螺母保护罩。很多车型都有护链罩，也需要拆除。松开线管，将线从导轮上取下。

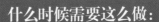

3 使用15mm的扳手松开并取下花鼓螺母。

4 取下锁紧垫圈，将车轮向前推，使链条松脱。

5 拆掉车轮。安装过程相反，但是需要调节（必要时重新设置）挡位线。

什么时候需要这么做：
■ 如果变速线磨损或者重新安装车轮后位置稍有偏差，则需要调节定位系统。

耗时：
■ 调节变速定位系统大约需要15分钟。拆卸后轮、调节挡位需要1小时。

难度：🔧🔧🔧
■ 大多数花鼓变速都有明显的标记，指示如何正确定位，因此工作相对简单。

Rohloff 的Speedhub14速花鼓变速

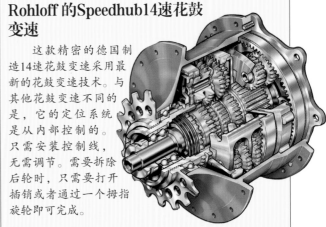

这款精密的德国制造14速花鼓变速采用最新的花鼓变速技术。与其他花鼓变速不同的是，它的定位系统是从内部控制的。只需安装控制线，无需调节。需要拆除后轮时，只需要打开插销或者通过一个拇指旋轮即可完成。

Sram花鼓变速

Sram从德国公司Sachs购买自行车零件，将花鼓变速系统引入了他们的产品线。最开始这些花鼓被称为Torpedo，现在则称为T3或者i-Motion。Torpedo这个品牌名称现在用在另一种死飞和活飞转换的花鼓上，这种花鼓也是通过车把上的操纵杆操作。

和Shimano一样，Sram的花鼓也有多种刹车可选。不同的是，其提供内三速系统搭配卡飞和外变速系统。Sram称之为"DualDrive"。

拆卸车轮

1 很多内变速自行车都装有护链罩，需要将它拆除才能露出后轮的螺母。

2 某些产品需要拆除大部分护链罩。图中这款不需要任何工具就可以将护链罩拆除。

3 拆下花鼓螺母和轴心锁紧螺母。它们在钩爪处采用滑动配合的方式紧固，需要一把旧的螺丝刀松开。

4 将车轮从车架中推出。大多数i-Motion花鼓的挡位线位于后下叉的内侧，将其旋拧，并从后面将锁紧环滑出。

5 松开锁紧环后，从花鼓上松开缆线连接器。

6 将链条从飞轮上取下，拆下车轮。安装过程相反，必要时检查并调节变速线。

这是Sram的T3花鼓（以前叫做"Torpedo"），装配了倒刹。

i-Motion花鼓变速线的调节

1 调节i-Motion 9速花鼓时，挡位应在第六挡。

2 使用挡位变速调节螺母对齐红、黄两个标记。

3 上面有两对标记，分别在后下叉的上方和下方。

3速花鼓变速线的调节

1 选择第三挡或H挡。确保挡位线完全旋入花鼓。某些型号的产品可能在花鼓上还安装了一个导轮。

2 线的末端是一个快拆连接器，按下夹子即可松开变速线。必要时，使用小号的内六角扳手调节线的长度。

3 重新安装连接器，穿上挡位线，使变速线伸直，但不应该拉动挡位线。必要时，松开螺母，调节整体长度。

Sram的DualDrive

这是一种混合系统，将3速内变速系统和8速或9速的外变速系统结合在一起，所有的变速功能通过一个右手的变速杆操作完成。转把控制外变速装置，滑动按钮控制内变速装置。挡位线采用Sram称之为"Clickbox"的快拆盒连接。

调节内变速时，挡位选择在中间，转动调节螺母，使Clickbox中的黄色标记对齐。外变速的调节方法和其他的外置变速器相同（参见前文了解详细方法）。

拆卸后轮时，将转把转到最高挡位，内变速控制器调整到低挡位（变速指示框中唯一的点）。按下Clickbox上面的小按钮，取下Clickbox。旋松内变速挡位线，然后拆除轴心螺母和紧固垫片。将车轮推出，并按照一般变速自行车的方法，取下车轮。安装过程相反。需要注意，当装回Clickbox时，要先放对位置并从下面向上按按钮。

外变速线的更换方法和其他外变速装置相同（参见前文）。更换内变速线时，按照上面的步骤拆下Clickbox。取下Clickbox的后盖，使用4mm内六角扳手松开线夹。在变速控制器上，将调节螺母完全拧进去。去掉线槽盖，将线拔出。安装步骤相反，夹住变速线后，剪去多余的线，进行调节。

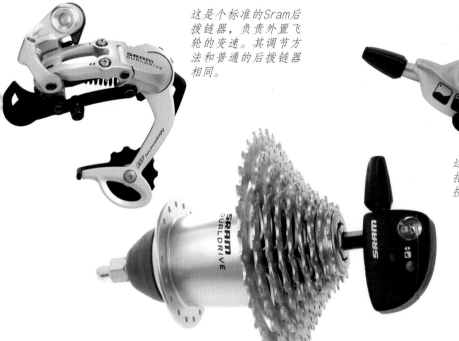

这是个标准的Sram后拨链器，负责外置飞轮的变速。其调节方法和普通的后拨链器相同。

这是DualDrive系统使用的一体指拨。转把控制拨链器，滑动按钮控制内变速器。

这是DualDrive花鼓组，包括了可快拆的Clickbox。可以通过小窗口看到对齐标记。上面的小按钮可将Clickbox与花鼓分开。

第 5 章
接触点

本章中我们将介绍骑车人与自行车接触的几个点。这些位置对于骑行的舒适性和骑行效率非常重要。通过简单的调节或更换零件，我们就可以享受舒适的骑行。对于大多数骑车人来说，可能只需要换个车座，有些人还要换新的把套或把带。

假设车架的大小正确，可以更改把立的长度和高度、车座的前后位置，甚至座杆的长度和后飘程度（"后飘"是指车座夹到座杆中心线的垂直距离）。对于高级车手来说，还可以更换曲柄的长度和脚踏类型。

如果你的自行车是无牙碗组系统，则有多种把立可供选择。

一个车座可以改变一辆自行车，即使对于只是偶尔骑
车的人也是如此。然而，很多人错误地认为大而软的
车座才更舒适。

与车座和把立一样，把横
的种类也非常多，不过传
统的弯把公路车的车把种
类比较有限。

安全检查

快速检查接触点是骑行前的首要工作之一。座杆和车座都是承受很大压力的地方，如果车架是压缩架，座杆拔得很长，承受的力量也就更大。把立和把横也一样。应该检查座杆接近车架的位置以及把横上面靠近把立的位置。这些区域会因为受力大而首先出现裂痕。

如果车座只是通过一颗螺栓固定在座杆上，应该经常拆下螺栓进行检查。特别是如果螺栓是钢制的而座夹是铝制的，容易出现电化腐蚀。这种情况同样可能出现在铝合金座杆接触钢架的地方。

如果你将碳纤维把横安装在铝制把立上，要特别注意安装螺栓和把立的边缘。必要的话，用锉刀将把立的尖锐边缘锉平，而且一定要使用扭力扳手上紧把横的固定螺栓。

1 仔细检查车架露出座杆的位置是否有裂痕。检查车座安装螺栓是否牢固。

2 检查座管夹和锁紧螺栓。特别注意座管顶部，也就是座管夹夹合的位置。

3 检查无牙碗组的把立固定螺栓。

4 对于传统的鹅颈把立，检查楔形固定螺栓。

5 更换把带时，最好检查手变的锁紧环。钢环可能会深深咬入铝合金的把横。

6 仔细检查把立夹住把横的位置。断裂通常从这里开始。如果是可调节把立，检查安装螺栓是否牢固。

过去，有牙前叉舵管一直有个问题——调节轴承非常耗时，也很复杂。无牙碗组不仅解决了调节问题，更换把横、把立也非常容易，而且这种碗组强度更高，比传统的把立更安全。

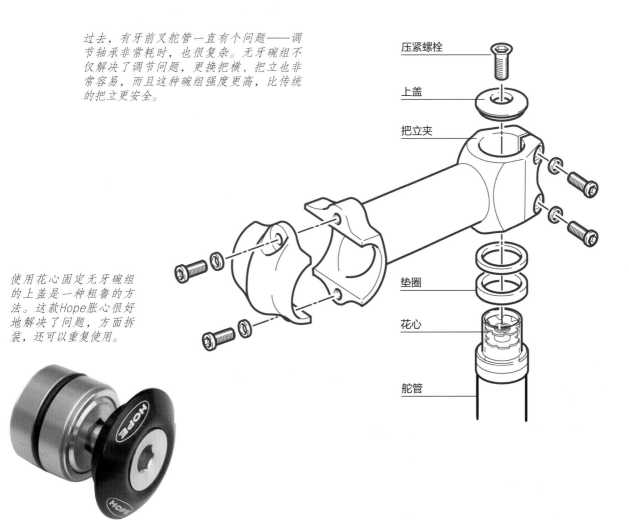

压紧螺栓

上盖

把立夹

垫圈

花心

舵管

使用花心固定无牙碗组的上盖是一种粗鲁的方法。这款Hope胀心很好地解决了问题，方面拆装，还可以重复使用。

安全线

　　所有的传统鹅颈把立和座杆上都有一条最大拔出线。调节时拔出部分不要超过这条线。如果觉得不够长的话，应该更换更长的把立或座杆。注意，有些人为了让车座够低并减重，会把座杆截短。这时座杆的安全线已经失去了意义。基本原则是座杆应该至少插入车架60mm。

把横与把立

把立连接前叉和把横。传统的鹅颈把立在舵管里有一颗楔形螺母，无牙碗组系统的把立夹在舵管上。要调节传统把立的高度，必须先松开楔形螺母；无牙碗组系统则是通过增加或减少垫圈来改变高度。

对于老式的鹅颈把立，更换把横通常是一个长时间、复杂的过程。因为只有一颗螺栓固定把横，所以换把横时就需要将它穿过把立夹取下。新的鹅颈把立和无牙把立有可以拆下来的前盖，这使得更换把横变得相当简单。

要更换把立，首先要拆下把立的前盖，移开把横。老式的鹅颈把立上，则需要将刹车把手和把带全部拆掉，把横整个穿过把立夹，然后再将把立从舵管上拔下来。对于鹅颈把立，要先松开楔形螺栓，然后左右晃动把立，将其从舵管上拔下来。你可能需要使用渗透液，因为鹅颈把立是非常容易发生侵蚀的，很难拔动。对于无牙把立，只需依次拧松顶盖螺栓和把立固定螺栓即可。

多年以来，把横只有一种直径，那就是1英寸（25.4mm）。新出的一种把横和把立一般被形容为"加大的"，它们的中心直径为1.125英寸（31.8mm）。某些老式的意大利把横的中心直径是26mm，BMX自行车的中心直径则为7/8英寸。传统下弯把末端直径为15/16英寸（23.8mm）。平把自行车的末端直径为7/8英寸（22.2mm）。

可调节把立

可调节把立使用在很多混合自行车上，无需更换把立就可以调节骑行姿势。

首先松开把立固定螺栓，然后松开上面的螺栓，现在就可以上下调节把立了。

当把立位置正确时，锁紧上面的螺栓，然后上紧把立固定螺栓。图中所示的可调节把立匹配的是无牙碗组系统，但同样适用于传统的鹅颈式舵管。

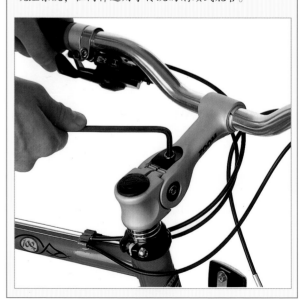

某些城市车可能安装传统的公路类鹅颈把立，其调节方法和标准的鹅颈把立相同。

把组的拆卸

2 某些鹅颈把立的楔形螺栓隐藏在一个塞子下面，拔出塞子就会露出螺栓。

3 你可能需要长柄扳手才能拧动螺栓，或者在短柄扳手上加个套筒，也可以套一个梅花扳手或一段金属管。

1 无牙碗组中，把立夹在舵管的外面。把立下面一般会有几个垫圈，可以进行一定的高度调节。然而，舵管要略低于把立上端。如果舵管和把立等高甚至超过把立，则无法对碗组轴承产生预压。

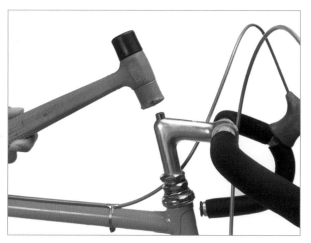

4 老式的鹅颈把立会有一颗曝露在外面的螺栓。旋拧这颗螺栓4~5圈，通过软锤敲击来松开楔形螺母和把立底部的螺栓。

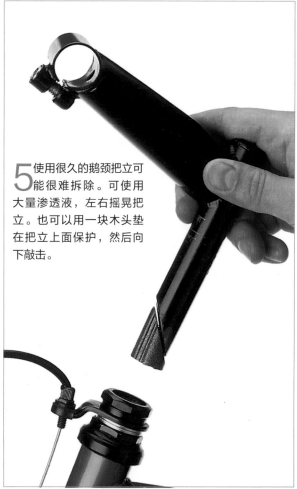

5 使用很久的鹅颈把立可能很难拆除。可使用大量渗透液，左右摇晃把立。也可以用一块木头垫在把立上面保护，然后向下敲击。

前端受力把立

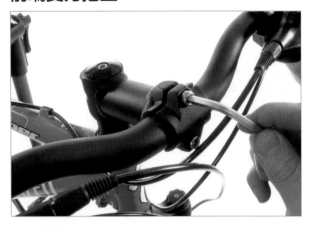

1 如今大部分把立的前端都有一个可拆卸的夹盖。它可能通过2颗或4颗螺栓固定。轮流旋拧这几颗螺栓，注意每次只旋拧一点。

2 取下夹盖后，检查把横是否损坏。清洁安装表面，如果你的把立处发出异响但并没有损坏，可以在上面涂抹少量的润滑油或防粘合剂。

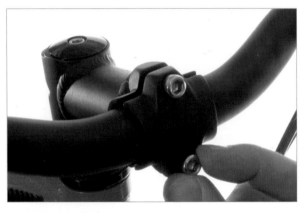

3 在螺纹上涂抹少量防粘合剂，重新安装前夹盖。均匀地依次旋拧每颗螺栓，注意检查把立本体和夹盖之间的缝隙。

4 保证夹盖与把立本体的上下间隙相等。如果是用4颗螺栓固定，呈对角线均匀上紧四颗螺栓。

把立延长座可以提高把立的高度。不过，如果你确实需要图中这种延长座，那么你的车很可能太小了。

什么时候需要这么做：

■ 安装新把组。

耗时：

■ 改变把横或把立的位置大约需要5分钟。

■ 更换把横，特别是弯把把横，大约需要30分钟到1小时。

难度：🔧🔧🔧

■ 无牙碗组比较简单，鹅颈把立可能会锈住。

把横的拆卸

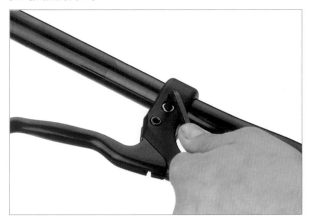

1 使用单颗螺栓固定把立的平把自行车，必须先拆除刹车把手、把套和指拨。如果只需要调整角度，松开安装螺栓即可。

2 如果只调整把横的角度，松开把立的固定螺栓；如果要拆除把横，将固定螺栓完全松开或者拆下。

3 使用渗透液，将把横推出把立。由于可以将刹把和指拨从把横上取下来，因此不必松开缆线。

4 必要时，松开螺栓，使用一个旧的硬币作垫片将夹口稍稍撑开。这种方法只适用于一颗螺栓锁紧的把立。

碳纤维把横

如果你的车安装了碳纤维把横，上紧锁紧螺栓时要特别小心，要先用锉刀将尖锐的边缘锉平。

将扭力扳手设定在很低的扭矩值（通常为5N·m），然后拧紧螺栓。图中这把扭力扳手的预设值为5N·m。

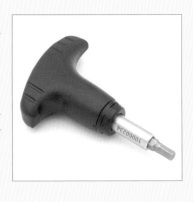

把套与把带

下　弯把自行车以前通常使用软木把带（现在仍然可以买到），现在则更多使用各种乙烯类把带。这种把带色彩丰富、纹理多样。平把自行车则一般安装把套。把套的种类、颜色和纹理也多种多样。

　　无论是平把还是弯把，都需要安装把堵。把堵不仅能塞住弯把的把带，防止泥土进入直把，还有非常重要的安全功能。没有它，摔车时把横可能造成严重的人车伤害。

　　平把自行车还可以安装副把，它对爬坡非常有用，但是不应该用于一般骑行，因为它会影响操作刹车把手。平把或燕把的长度和上扬角度也分多种，最宽的把横可达780mm。这种把适合有挑战性的越野骑行，如果只用于普通骑行，也可以将其截短。把横上通常标有切割线。

　　更换把带时，应该先彻底清洁把横，然后再缠新把带。下弯把上有为缆线预留的凹槽。缠新把带之前，用电工胶布先将线管固定。

安装新把套

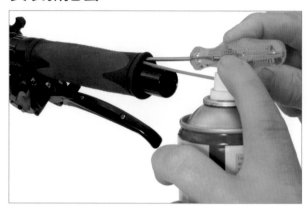

1　拔出把堵，使用小号一字螺丝刀撬起把套。使用渗透液松脱把套。如果需要更换新把套，也可以用刀子将旧把套切开。

2　边扭动边拔出把套。必要时，继续使用渗透液。

3　清洁把横。使用少量工业酒精能让安装新把套操作更轻松。还可以使用粘发剂作润滑剂，它晾干后可以使把套粘在把横上。

4　在酒精蒸发之前将新把套推入合适的位置。

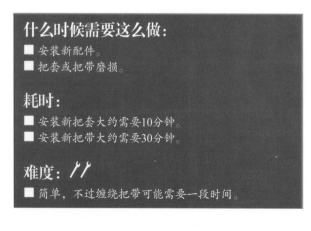

什么时候需要这么做：
- 安装新配件。
- 把套或把带磨损。

耗时：
- 安装新把套大约需要10分钟。
- 安装新把带大约需要30分钟。

难度： 🔧🔧
- 简单，不过缠绕把带可能需要一段时间。

5　塞上新把堵。

缠把带

1 取出把堵。有些把堵是直接塞进去的，可以用螺丝刀将其撬出。

2 松开或切开旧把带。翻起手变头的橡胶套。如果手变已经损坏，现在正是更换的好时机。通常有两片单独的把带，用于盖住手变的末端。

3 从把横的中间开始缠绕把带，每一圈把带都部分重叠。缠到末端后，将多余的部分塞进把横里。

4 用力塞进把堵，固定住把带。

5 新把带通常附带把堵和贴纸（用于固定把带前端），还有两小片把带遮盖手变。

截把

1 截管器是非常理想的截把工具。

2 在把横上轻轻切一道凹槽，一边夹紧一边转动截管器。

3 用锉刀或砂纸打磨边缘。

副把

　　副把的种类很多，并且已经出现了碳纤维副把。安装时注意不要把螺丝拧得太紧，因为有可能在摔车时撞到副把。副把的角度依个人喜好而定，但是应该知道，副把主要在爬坡时，特别是站立爬坡时使用。

锁死把套

　　升级成锁死把套是个好主意。这种把套拆装也很方便。

把堵

　　把堵的种类很多。安装把堵非常重要，摔车时它可以避免对身体造成严重的伤害。

车座与车座夹

车座的选择完全根据个人的舒适感觉。你可能需要试坐不同类型的车座，最终找到适合自己的。如今的车座导轨通常较长，方便提供前后位置的调节。一般的原则是，从导轨的中间位置开始调节。

为了配合不同车架座管的不同角度，大部分座杆都能够调节倾角。有些座杆可以进行微调，还有些每次至少调节2~3mm。无论是哪种座杆，调节时一定要完全拆下锁紧螺栓，检查是否出现腐蚀现象。同时还要检查导轨的状况，特别是座夹夹住的地方。

压缩公路车架和山地车架通常需要较长的座杆。400mm长的山地座杆并不罕见。而带有异形座管的车架可能会要求使用者截短座杆才能正常使用。截管时最好使用引导工具，不过也不一定必须截得很齐。截管之前，注意安全线的位置，截短后安全线的位置也要相应提高，应该做好标记。

座杆有至少五种不同的直径，均在25~32.4mm之间。如果你的座杆上没有标明规格，需要更换时，应该使用游标卡尺测量。如果没有游标卡尺，可以带着旧座杆去车店购买。有些制造商只生产一种直径的座杆，然后提供不同规格的转换座，以适应不同的车架规格。

双螺栓座杆的调节
这款座杆的顶端使用两颗螺栓固定，上面还有刻度，用于设定车座角度。

I-beam车座的调节

1 SDG I-beam系统使用一颗内六角螺栓固定车座。

2 松开螺栓后，可以前后上下移动车座。

3 调节好后重新拧紧螺栓。

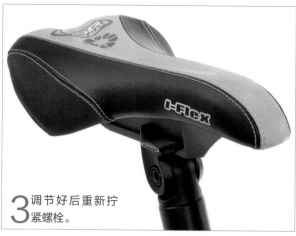

车座的安装

1 这种座杆使用一颗螺栓固定车座。安装车座时，需使用大量的防粘合剂，而且这种单螺栓座杆需定期检查螺栓的状况。

2 将座杆从车架上取下来更容易安装车座。将车座反过来，装上上夹片和螺母。

3 将下夹片盖上，确保导轨位于座夹的沟槽内。

4 用螺栓固定车座。这个过程可能需要点技巧，因此不要着急。注意此时不要完全锁紧螺栓。

车座位置的调节

1 取下座杆，涂抹大量的防粘合剂。按照之前介绍的方法调节车座高度。

2 很多车座的导轨上标有刻度。首先夹住导轨的中间，座鼻略微上扬。调节车座从这时开始。

3 对于单螺栓座杆，车座的角度会随着拧紧螺栓而变化。不要敲击车座，否则只会损坏座夹。应该松开螺栓重新调节。

4 调节好后，重新拧紧螺栓。

避震座杆

有些自行车使用避震座杆，能够缓冲一定的冲击。某些避震座杆的弹簧或弹性体还提供弹力调节功能。这种座杆的缺点是磨损得很快。

什么时候需要这么做：
- 更换座杆。
- 改变骑行姿势。

耗时：
- 调整车座的位置大约需要3分钟。
- 更换车座或座杆大约需要30分钟。

难度：
- 简单。

夹片固定的车座

低端市场自行车的车座通过夹片固定。这种结构由几片金属片和一颗螺栓组成。拆卸时注意这些金属片的顺序。安装螺栓通常在座杆的后面；如果你希望车座靠前一些，也可以将它转到前面再锁紧。

座管夹

可拆卸的座管夹已经取代传统的固定螺栓。它可能是快拆式的，也可能用螺栓固定。座管夹的直径是按照座管外径制定的。山地车手更喜欢快拆式座管夹，因为它方便下坡时快速降低车座。城市车使用快拆座管夹也能起到一定的防贼作用，因为你可以随身带着车座和座杆，当然还要有地方放。

车座

导轨

座杆

座夹

座管夹

改变车座的高度

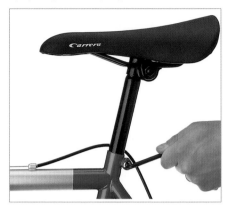

1 传统的自行车，车座通过固定螺栓固定。松开这颗螺栓，即可调节座杆的高度。如果座杆不动，先左右摇晃一下。

2 左右晃动车座，然后插入或拔出座杆，调整高度。最好趁此机会将座杆完全拔出，涂抹防粘合剂。调节好高度后，上紧固定螺栓。

什么时候需要这么做：

■ 安装新的组件。

耗时：

■ 调节车座大约需要5分钟。
■ 更换车座或座杆需要30~60分钟。

难度：

■ 简单。但小零件较多，容易出现差错。如果准备更换座杆，推荐考虑升级到现在的座杆系统。

车座最终调节

1 松开两侧的螺母，调节车座。车座最终的位置依个人喜好而定。

2 不要过于松开螺母，否则不容易进行微调。稍紧的话可双手一起调节车座的位置。

3 前后滑动车座，找到最舒服的位置。刚开始建议夹在导轨的中间且车鼻略高。

传统车座

传统的弹簧车座目前仍然非常流行。它可以安装在老式的座夹或现代的座杆上。这种车座的坐垫通常是真皮的，因此比普通车座需要多一点养护工作，应该定期保养。市场上有很多皮具清洁养护用品。

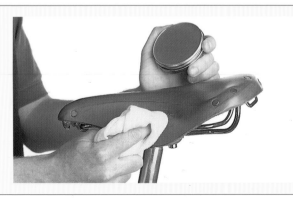

脚踏

安装与拆卸

脚踏也是非常重要的接触点，但却经常被忽视。低端市场的制造商随车只提供便宜的脚踏，通常新手买家也不会太注意。高端市场的制造商知道他们的消费者非常注意脚踏的质量，因此不会提供便宜脚踏。

便宜的脚踏通常由硬塑料支撑，好一些的带一个铝合金的外框。这种便宜的脚踏不值得分解或修理，最好直接更换成质量好的脚踏。

过去，自行车的脚踏上都安装有脚套。不过，如今只有非常传统的人或死飞骑手才使用脚套，原因很简单，现在有许多更好的系统可供选择。对于公路车的热衷者，自锁系统是必需的。这种系统需要在专门的骑行鞋上安装锁片后卡在自锁脚踏上。对于以娱乐为目的的骑车人，宽大的普通脚踏就足够了。很多脚踏上面还有可以更换的防滑钉，这种脚踏受到山地车手和BMX车手的欢迎。

防尘盖

垫圈

滚珠

滚珠

橡胶圈

轴心

这是低成本热塑脚踏的零件。由于价格很低，不值得修理。如果出现旷量，可以调节或上油，不过最好的解决方法还是更换成更优质的脚踏。

左脚踏和右脚踏

脚踏上通常会标记L和R，分别代表左和右。如果没有标记，则要仔细查看螺纹辨认。左脚踏的螺纹左边高于右边，右脚踏的螺纹右边高于左边。记住，左脚踏是左旋螺纹，顺时针拆卸；右脚踏是右旋螺纹，逆时针拆卸。

1 大多数脚踏需要使用15mm的脚踏扳手拆除；少部分需要用17mm的扳手；还有一些没有操作平面，需要使用内六角扳手从曲柄背面拆卸。驱动侧的脚踏通常是右旋螺纹，逆时针拆卸。

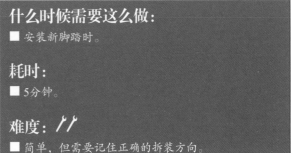

六角安装孔的脚踏

　　有些脚踏没有操作平面，不能使用15mm扳手。脚踏上有一个内六角的操作孔。必须使用优质的长柄扳手拆卸，并最好使用3/8英寸的套筒搭配长柄扳手。

什么时候需要这么做：
■ 安装新脚踏时。

耗时：
■ 5分钟。

难度：🔧🔧
■ 简单，但需要记住正确的拆装方向。

2 脚踏通常非常难拆，因此必要时使用大量渗透液渗透。

3 扳手可能滑脱，那样手容易被牙盘齿划伤。在拆之前可以考虑先包住牙盘。

4 左侧脚踏是左旋螺纹，顺时针拆卸。

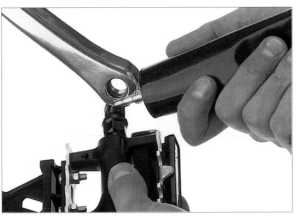

5 拆掉脚踏后，清洁并检查螺纹，重新安装之前涂抹防粘合剂。

脚踏的拆解、润滑、组装

脚踏的质量决定着它是否值得修理或是干脆直接更换。低成本的热塑脚踏使用散珠轴；优质脚踏内部使用卡式轴承，外侧还有轴碗。有些脚踏轴心的两端都有轴承，还有一些则两端都有轴碗。高端的脚踏使用一块铝切割而成，并采用钛轴心。

下面我们学习一下便宜的热塑脚踏的维修方法。这样安排只是为了让缺乏经验的新手练习一下。如果你能够拆卸、清洁、组装便宜脚踏，基本上就能解决骑行中遇到的脚踏问题了，而且这个练习还有一个好处，就是万一组装不回去，也没有多大损失。

另外还应该知道，维修脚踏需要专门的工具。修理某些Shimano脚踏所需的工具，其价格甚至超过了更换新脚踏的成本。

什么时候需要这么做：
■ 轴承磨损。

耗时：
■ 便宜的热塑脚踏更换滚珠需要大约1小时。

难度：🔧🔧
■ 只为了练习，便宜脚踏不值得更换滚珠，最好直接更换。

松开轴承脚踏

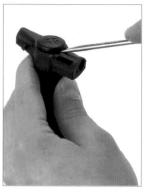

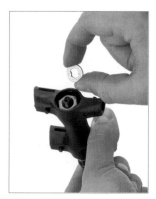

1 如果脚踏有外框，先将其拆除。

2 取下防尘盖。有些防尘盖是插进入的，有些是拧进去的。

3 看到里面的紧固螺母后，需要使用套筒将其旋松。

4 取出螺母和垫圈。可以用磁铁吸住垫圈，以免弄丢。

5 握住轴心和本体，然后拆除锥形螺母。可以用台虎钳夹住脚踏。

6 使用镊子取出滚珠。也可像图中所示使用一个笔帽取出滚珠。

7 组装时，将新的滚珠装入脚踏本体。用润滑油脂将滚珠固定。小心地将轴心插入。重新安装锥形螺母、垫圈和锁紧螺母。轴承的调节和车轮轴承的调节方法相同。

这种休闲骑行鞋可以配合普通脚踏、脚套或自锁脚踏使用。尽量选择脚后跟部分带有反光材料的鞋。

卡式轴承脚踏

优质的卡式轴承脚踏的维修成本相对较低。修补套装中通常包括你需要的所有东西。

普通脚踏和自锁脚踏

应用在BMX自行车上的"熊夹"脚踏以及Shimano等厂家推出的自锁脚踏让"狗嘴"脚套成为历史。形似捕熊陷阱的"熊夹"脚踏上面有很尖的齿钉，配合平底鞋，让车手的脚牢牢地卡在上面。新一代脚踏采用了可更换的小钉，骑行鞋也经过专门的设计。普通的骑车人也可以不装钉使用该脚踏。

自锁脚踏通常称为"Squds"，指的就是Shimano的SPD系统。Shimano的SPD脚踏和锁鞋系列涵盖了公路、山地和普通骑行，是目前最流行的产品。Time、Look和Crank Brothers等厂家同样生产自锁脚踏。

普通骑行鞋和锁鞋的种类也非常繁多。很多骑行鞋采用分离式鞋垫，便于安装锁片。这种鞋也可以作为普通骑行鞋使用。某些专业的公路骑行鞋只能搭配自锁脚踏使用。这种专业锁鞋的外底非常硬，整个结构都很硬。这样保证了骑车人的力量可全部传递到脚踏。

普通脚踏的骑行鞋通常是平底的，由比较黏的橡胶制成。这是为了使脚踏上的小钉能够咬住鞋底。这种鞋是日常骑行的理想选择。

这款Crank Brothers"打蛋器"脚踏适合公路和非公路使用。其开放式设计让泥土不会在脚踏上停留。

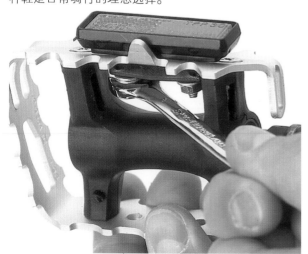

脚踏上尽量安装反光板。脚踏在转动时很容易反射周围的灯光。很多脚踏的反光板是直接按上去的，好一些的使用螺丝固定。要经常检查反光板是否牢固。

自锁脚踏

1 这是一款可以安装锁片的骑行鞋，新鞋下面有一块可以拆掉的盖片，拆掉后即露出锁片的安装孔。有些鞋需要用刀把鞋底切开才能露出安装孔。

2 露出安装孔后，将锁片与安装孔对齐。

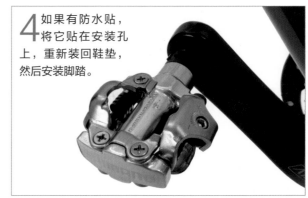

3 必要时，取出鞋垫，用手固定住安装孔。涂抹防粘合剂，装上锁片。

4 如果有防水贴，将它贴在安装孔上，重新装回鞋垫，然后安装脚踏。

5 很多脚踏都可以调节弹簧张力。如果是第一次使用自锁，最好将张力调节到最小。

6 坐在车上，用墙支撑，练习上锁和解锁。必要时调整锁片的位置。

这种鞋是专门为越野设计的。鞋底的花纹是为方便排泥而特殊设计的。

什么时候需要这么做：
■ 购买了新的锁鞋。
■ 对现在的锁片位置不满意。

耗时：
■ 如果锁片松了，调整锁片位置大约需要5分钟。
■ 钻掉旧锁片大约需要30分钟。

难度： 🔧🔧🔧
■ 如果可以用扳手旋出螺栓，操作相对简单。如果需要使用钻头，就稍微复杂一些。

旧锁片的拆卸

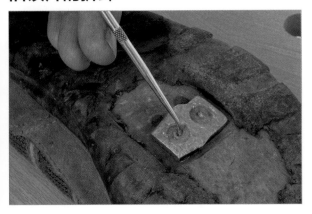

1 用尖头工具清理六角螺栓头内的异物。使用渗透液，尽量选用优质的六角扳手拆卸螺栓。

2 如果螺栓无法拧下来，可以使用合适的钻头钻锁片安装螺栓。耐心一点，螺栓头就会掉落。除非锁片很新，否则不必担心弄坏它们，因为总要更换的。

3 钻掉螺栓头后，将锁片取下。

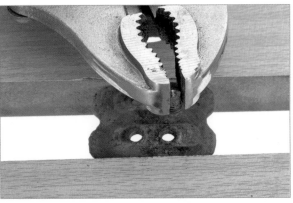

4 取出鞋垫，找到里面的金属板，将其夹在台虎钳或工作台上，用钳子取出剩下的安装螺栓。

第 6 章
车轮

花鼓的拆卸

骑前检查时有可能你第一次注意到花鼓其实也需要关心。老式的花鼓通常没有密封功能，如果经常在雨天或越野路线骑行的话，需要养护的次数可能超乎你的想象。

山地车以及越来越多的公路车的花鼓都安装了橡胶密封圈。虽然它能够阻挡大部分的水和泥土，但仍然做不到100%的密封，因此也需要偶尔拆开保养。如果你用的是便宜轮组，花鼓不带密封圈，拆开保养之前可以考虑更换，特别是如果车圈已经磨损的时候。当然，好的花鼓永远值得去仔细保养和调节。

越来越多的高级轮组开始使用卡式轴承。只有Shimano和Campagnolo似乎还坚持使用滚珠轴花鼓。卡式轴承的保养与更换请参见后文。

最近一些花鼓制造商也开始推出自己的轮组。这些轮组使用标准辐条或异形辐条。某些直拉辐条的张力调节是在花鼓上进行的。

连接塔基的后花鼓，必须先拆除轴心和轴承才能拆除塔基。卡式轴承的后花鼓通常不需要这样做，因为塔基是按压在花鼓本体上的。

散珠轴承润滑油

市场上有很多专为自行车使用的润滑油。它们通常是添加了特氟龙的人工合成油。这种油的黏度适合车轮较慢的转动速度。机动车的润滑油并不是非常适合自行车使用，但如果别无选择，也可以临时替代。

什么时候需要这么做：
- 车轮出现旷量。
- 感觉轴承不润滑或出现噪声。

耗时：
- 更换轴承需要45~60分钟。如果更换轴心和锥形螺母，时间还要长一些。

难度： 🔧🔧🔧
- 调节轴承可能非常耗时。

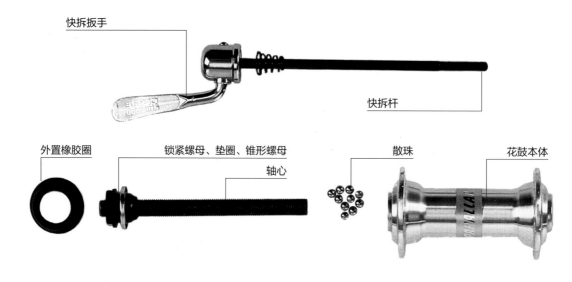

快拆扳手

快拆杆

外置橡胶圈　　锁紧螺母、垫圈、锥形螺母　　散珠　　花鼓本体

轴心

花鼓的拆卸步骤

1 拆下车轮后，取出快拆杆。注意弹簧的方向，小的一头对着花鼓。

2 很多花鼓现在都有密封圈，用于防止轴承进水。使用小号螺丝刀将其撬出来或直接拔出来。

3 使用一把花鼓扳手和一把标准扳手拆下锁紧螺母。

4 保存好螺母和垫圈。接下来旋出锥形螺母。

5 将轴心拉出。此时可能有滚珠随着轴心出来，注意收集。

6 使用小号的镊子或螺丝刀取出花鼓内剩下的滚珠。

车圈

这是一款优质的双层车圈，辐条孔也做了加强处理。目前只有中高价位的自行车上才使用这种车圈。

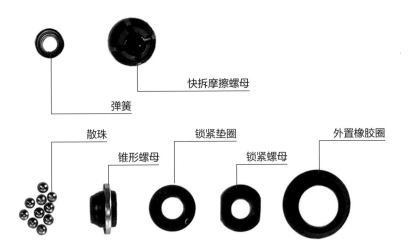

弹簧 / 快拆摩擦螺母 / 散珠 / 锥形螺母 / 锁紧垫圈 / 锁紧螺母 / 外置橡胶圈

塔基的拆卸

从塔基上拆下轴心和轴承后，使用10mm内六角扳手就可以将塔基拆除。Shimano的塔基无法维修，一旦损坏，只能更换。

花鼓的润滑与调节

分解花鼓后，彻底清洗，并检查所有的组件。首先检查轴心是否变形。方法很简单，找一个平面滚动一下——玻璃板是理想的选择。接下来检查锥形轴碗的情况。轴碗表面如果出现小坑，就需要更换了。最后检查花鼓内滚珠的位置。由于很少有制造商提供修补件，一旦损坏，必须更换整个花鼓。

　　更换新零件，重新组装花鼓，接下来必须重新调节轴承的预压。拧进锥形螺母，使轴心没有旷量。同时车轮应该能够自由转动，既没有阻力点也不会晃动。用花鼓扳手固定锥形螺母，上紧固定螺母。这个过程通常比较耗时，需要尝试几次才能找到最佳点，即车轮自由转动且从车圈处感觉不到旷量。注意，轻微的旷量是可以接受的。

磨损的锥形螺母

检查旧螺母的磨损情况。对比新螺母（左）和另外两个磨损的螺母。中间一个已经生锈，并出现凹痕，必须立即更换。右边一个也已经磨损，建议更换。

1 彻底清洁花鼓后，在轴承的位置周围涂抹润滑油脂。注意不要过量。

2 将新的滚珠装进花鼓内。里面的润滑油会粘住滚珠。可以使用笔帽等工具将滚珠放进花鼓。大部分花鼓，每侧需要9~11颗滚珠。

3 润滑锥形螺母，小心地插入轴心。

4 小心地旋紧锥形螺母，使其压在滚珠上，以感觉不到明显的旷量为宜。

碟刹花鼓

这是一款六钉碟刹花鼓，也是国际标准件。不过Shimano使用自己的中央锁死系统来安装碟片。

5 安装垫圈和锁紧螺母。旋拧锁紧螺母，使其压住锥形螺母。

6 用花鼓扳手固定锥形螺母，上紧锁紧螺母。检查车轮是否能自由转动，轴心是否晃动。

7 可能需要重复几次才能消除轴心的晃动，同时保证车轮自由转动。重新装回车轮并试骑。必要时重新调节。

新轴心

安装新轴心和锥形螺母时，锁紧螺母外面露出的螺纹数非常关键。可以通过旧轴心螺母的位置来确定新轴心螺母的位置。这样是为了确保轴心在钩爪内可以得到足够的支撑力。

什么时候需要这么做：
■ 车轮出现旷量。

耗时：
■ 调节轴承大约需要15分钟。

难度：
■ 保证车轮自由转动的同时清除轴承旷量可能相当耗时。

卡式轴承花鼓

目前Shimano和Campagnolo仍然使用滚珠或支架轴承花鼓，而其他很多制造商已经开始采用卡式轴承了。它们通常是单排的密封轴承，花鼓内还可能有其他密封措施。这种轴承是不可调节的。唯一可以调节的就是锁住轴心的位置，但并不是为了消除轴承的晃动。

卡式轴承花鼓通常使用在中高端自行车上，以轮组的形式出现。卡式轴承花鼓最大的优点可能就是它能够兼容几乎所有常见的标准轴承。同一家制造商也能提供全系列的零配件，例如垫片或轴心。另外，这种花鼓还能够兼容很多常见的轴心标准。Hope前花鼓可以搭配20mm的DH桶轴、较新的15mm和传统的9mm快拆轴。另外，花鼓后轴的塔基通常可以维修。

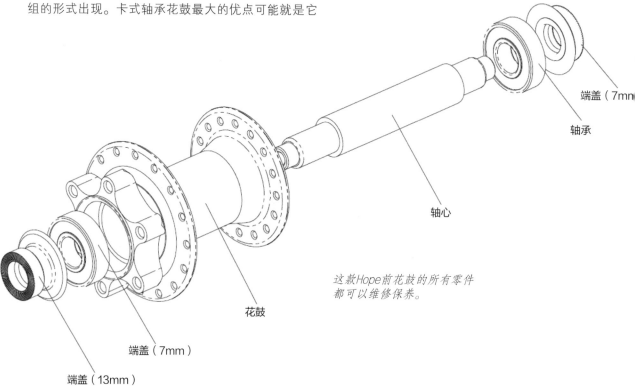

端盖（7mm）

轴承

轴心

花鼓

端盖（7mm）

端盖（13mm）

这款Hope前花鼓的所有零件都可以维修保养。

卡式轴承的更换

1 用一块软布盖住花鼓和辐条，从两侧取下端盖。

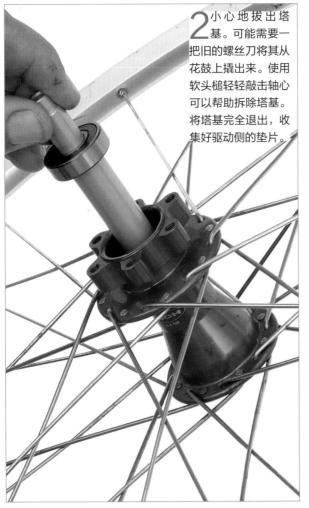

2 小心地拔出塔基。可能需要一把旧的螺丝刀将其从花鼓上撬出来。使用软头槌轻轻敲击轴心可以帮助拆除塔基。将塔基完全退出，收集好驱动侧的垫片。

3 从塔基或花鼓内收集3个小弹簧和千斤。塔基内有一个小垫圈，将其敲击到一边，取出轴承。去掉卡簧，将另一个轴承取出。

4 使用合适的套筒将新的轴承装入塔基内。使用圆形棒或螺丝刀对齐内部的垫圈。

5 使用一个只能压住外侧轴碗的套筒，将新的轴承均匀压入。

6 重新安装轴心，记住在驱动侧安装垫片。在驱动侧棘轮装置的表面涂抹润滑油脂。

7 彻底清洁塔基，检查弹簧和千斤片的磨损情况，如磨损严重应及时更换，并将弹簧和千斤片正确装在塔基上。

8 我们使用扎带固定千斤片，然后将塔基装回花鼓。位置安装正确后，用刀子切断扎带。检查棘轮系统的工作情况，若正常，重新装回端盖。

简单的拿龙与辐条更换

车轮发挥最大的强度要靠所有的辐条都均匀正确地拉直。辐条松脱或断裂会严重影响车轮的强度。优质的车圈通常能够承受一根辐条坏掉的情况，但是便宜的车圈可能会因此受到永久的伤害。

　　大多数轮组都是在工厂内由机器生产的，而定制的轮组则是按照客户的要求手工制造。某些专业级轮组不采用传统的编圈方法，而是先由机器组装，最后手工完成。如果车轮损坏，可选择的新车轮很多。不过，普通的钢架没有必要搭配高级的轮组。如果你有一台非常棒的车架，则可以考虑按照自己的需求定制一对轮组。当地车店可以对你的骑行风格给出建议。

　　传统车轮通过车圈处的条帽调节辐条张力。这种四方形的条帽也有几种大小，因此选择正确的辐条扳手非常重要。转动条帽可以增加或减少辐条的张力。如果拧不动，可使用大量渗透液。有时可能需要拆下车胎和胎垫才能将渗透液滴在条帽上，至少更换辐条时必须这么做。

　　编圈和拿龙通常被称为自行车界的"黑色艺术"。事实上，这两项工作并不神秘，只是需要一点耐心和逻辑思维。初学者最容易犯的错误就是将某一根辐条拉得过紧。除非辐条非常松，否则，条帽每次旋拧不超过半圈。当一侧的辐条被拉紧后，另一侧相应的辐条就会变松。

新辐条的安装

1 辐条通常从花鼓或条帽附近开始断裂，如图所示。要操作后轮驱动侧的辐条，应该先拆除飞轮。对于碟刹自行车，如果碟片一侧的辐条断裂，则需要先拆除碟片。

2 参照旁边的辐条安装新辐条。穿过花鼓或其他辐条时可能需要稍微弯曲新辐条。

3 如果还有残留的旧辐条，卸下车胎和胎垫后，先将其拔出，给新辐条装上条帽。

4 可以先用螺丝刀拉紧辐条，最后用辐条扳手调节。

5 捏一捏其他的辐条，了解合适的辐条张力，然后上紧条帽。接下来按照拿龙的方法调整车圈。

车圈的更换

虽然不是最好的解决办法，但是如果车圈严重损坏，可以松开所有辐条，换掉旧车圈，装上新车圈，旧辐条还可以继续使用。注意新车圈的有效直径必须和旧车圈一致——这样就不用更换辐条。

将新车圈和旧车圈绑在一起，每次更换一根辐条。全部辐条都装到新车圈后，去掉旧车圈，拉紧辐条，拿龙。

家用编圈工具

好的家庭技师可以自己在家编圈、拿龙。你可以花上一个下午的时间自制一台工具，它虽然不如专业工具那样精确，但仍然非常好用。

另一种简单的方法是使用车架作为工具。将一支铅笔固定在车架上，作为调节的基准。

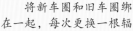

辐条长度

辐条的长度有很多种。选择正确辐条的最简单方法就是从另一侧取下一根辐条作参照。但是要注意，后轮要选择同侧的辐条作参照，因为由于飞轮的原因，后轮两侧的辐条不等长。带着这根辐条到车店购买同样长度的辐条。当然，也可以使用辐条尺测量辐条长度。

拿龙

1 将车轮装在车架或家用调圈台上，慢慢转动车轮，找到变形的地方。必要时，用铅笔做上标记。

2 如果车轮向右偏，拉紧左侧的辐条，松开右侧的辐条。记住，一定要成对操作，不要只调节一根辐条。

什么时候需要这么做：

■ 辐条损坏。
■ 车轮龙了。

耗时：

■ 更换一根辐条可能需要15~60分钟。
■ 更换车圈，特别是第一次，可能需要1~2个小时。

难度：🔧🔧🔧🔧🔧

■ 耐心是编圈和拿龙的关键所在。第一操作次可能非常难，但是熟能生巧。

3 拿龙时要慢慢来。每次只进行少量调节。

4 调正车圈后，按压每对辐条，释放它们的压力。最后，在地上滚动车轮，转动时给车圈施加一些压力，完全释放辐条的压力。

第 7 章
车架、前叉、转向与避震

车架材料与设计

多年来，市场上出现最普遍的是简单的钢架自行车。低端自行车大多由普通规格的钢管组成，或许还会加一点铬。中高端自行车则使用异形钢管，人们通常称之为"对接车管"。异形钢管的内壁厚度是各不相同的。异形钢管是由雷诺（Reynolds）公司研发并发展成熟的，"雷诺"这个名字已经成为钢管的代名词。比如说，这些异形钢管就被叫做雷诺531或雷诺501。现在，雷诺和Columbus公司（另一家很受欢迎的钢管制造商）的产品仍然广泛使用，并且人们很愿意用这两家公司的钢管为自己定制车架。

传统的钢架自行车是通过一系列的支托将钢制车管组装起来的——预先制作的支架可以安装钢管并将其钎焊成一辆整车。如今，便宜的钢架自行车仅通过焊接而成，但定制自行车仍然使用传统的支托将主要的车架管材组合起来。

目前，铝是大多数车架最普遍使用的材料。铝制自行车能由经简单挤压的铝合金车管组成，也可以由经复杂制作和对接的异形铝合金制成。为了制成中高端自行车所需的复杂形状，铝合金车管通常都是液压成形的。液压成形是一种通过施加强大的液体压力将基本的车管形状冲压进一个复杂的车架模具的技术。铝制车管是由TIG（钨极惰性气体）焊接技术焊接而成的。

尽管高端自行车车架也可以由钢材或铝材制成，但是现在越来越多的自行车制造商选择碳纤维和钛金属作为制造高端车架的材料。由于碳纤维在给定质量下有难以置信的高强度，因此碳纤维车架非常轻而且刚性很高。碳纤维车架可由一些经过选择的碳纤维车管组合而成，甚至能从整块的模具中生产出一台车架。所有的碳纤维车架上都使用了钢质或铝质的紧固件，这是为了能安装其他组件。

钛自行车是市场上非常高端的自行车，专门为那些对车架有着明确要求的挑剔车手设计制造。如果设计合理，钛车架将能兼具钢架车架和铝制车架的双重优点。

制作车架的材料随着科技的发展和技术的进步而变化，车架的形状和设计也是如此。传统车架已经由经典的配有水平上管的双三角车架演变成现代公路车的压缩车架，女式自行车更是已经完全抛弃了上管。山地车，尤其是全避震山地车已经发展出复杂而多变的车架设计。这一切都应归功于CAD（计算机辅助设计）软件和现代制造技术。

近些年来最具革新性的设计或许是许多自行车采用了避震前叉和许多中端自行车抛弃了传统的有牙碗组，而采用了无牙碗组。避震前叉已经成为许多山地车必不可少的配件，并且在通勤车上也得到了很好利用。无牙碗组相较于有牙碗组，降低了生产成本并简化了调试过程，它还提供一种自行调整骑行位置的简便方法。

这辆混合车配有耐用的700c轮组和一个普通的铝制车架，同时液压碟刹只需很少的保养。直立的骑行位置对于城市通勤而言是很完美的设计。

这辆硬尾山地车的车架是由几根液压成形车管组成的，配有液压碟刹和最新款的10速Sram X7套件。它非常适用于正式的越野之用。

设计特征

1 这辆山地车有额外的板材（通常称为角板）焊接在车头管上，以加强头管、上管和下管之间的连接。任何严重的冲击损害都通常会在这里显示出来，如在头管后面出现裂纹。

2 标准随着时间推移而不断改变。这是一个配备了一体碗组的超大车头管。在这个系统下，碗组轴承是直接安装在车头管里面的。

3 这辆山地车的后上叉往里弯曲是为了安装刹车，向上又往外弯曲是为了可以安装更宽的轮胎。

4 在这辆自行车上，你可以清楚地看到车架上使用TIG（钨极惰性气体）技术焊接的焊点。同时请注意其非常方便的过线座。

5 这辆公路车配有碳纤维前叉。这种前叉轻而有刚性，同时又能提供足够的舒适性，可以缓冲路面不平造成的冲击和震动。

6 目前大多数高品质的车架都有一个可替换的尾钩。在变速器安装螺母孔上面的狭窄处通常是钩爪的一个薄弱点。使用这种可替换的尾钩，一旦遇到摔车等情况，尾钩会先断裂，从而不会损伤到车架（至少理论上如此）。

7 这辆自行车的车架有液压成形车管。采用液压成形技术可以生产出一个具有不同形状和管壁厚度的车管。

8 这辆经典的钢架自行车后面的挂耳可以用来安装挡泥板、后货架和自行车打气筒等零件。

这辆旅行车的车架使用了传统的雷诺 631 支托和对接的钢制车架制造。大量焊上的安装孔使得车子可以安装前后货架，以及两个水壶架支托。

这辆赛车拥有全碳纤维的车架和前叉。用碳纤维能造出极轻又极有刚性的车架。通过改变碳纤维布的厚度和方向，可以在车架合适的点上设计出所需的强度和刚度。

安全检查

如果你要买辆新自行车，车架的状况和校准应该不成问题。然而，少数新车的车架也会发生偏差或扭曲，所以不管是新车还是二手车的车架都应该好好检查一番。我们很容易检查传统的三角形结构的自行车，只需从前后目测检查车架对齐情况即可，状况正常的车架上通常不会有弯曲和变形的车管。

如果你要买一辆二手车，可得花点时间全面地检查一下车架。尤其要注意车头管后与上管和下管的连接处，大多数冲击造成的损害都会在这里显现出来。下一个要检查的是五通区域，尤其是传动侧的后下叉，因为这里通常会出现由于受到重压而形成的金属疲劳裂纹。在车前面要检查前叉的校准，尤其注意前叉腿与前叉冠的连接处。任何前部冲击造成的损害都会以烤漆出现裂痕的形式在这个区域显现出来。最后，用手摸一遍整个车架，感受一下车身烤漆是否有不规则现象或是裂痕。你的手指是非常敏感的，通常能感受到肉眼无法看到的车身损伤。一般而言，把你的时间花在检查车架上比花在检查其他零部件上会更好。我们能轻易地替换一个被忽略了的已磨损的变速器，但通常不值得去替换一辆二手车上出现裂缝或是扭曲了的车架。

当你要买一辆新自行车或是新车架时，要问一问零售商关于质量保修条款的细则。一些厂商会给新车买主提供终生保修承诺。但是，许多厂商只提供有限的保修年限，可能不会到三年。有一两家厂商还会提供有限的可转让的保修承诺。在店里还要咨询厂商的冲撞损伤更换政策，因为一旦车架在冲撞或是事故中损毁，许多厂商通常会提供打折的新车架。

校正尾钩

在一辆钢架车上，如果后尾钩在冲撞中损坏了，可以用一对开口扳手将其矫直。如果损坏严重，而且车架的质量也允许，我们可以让专业的车架修理人员安装一个新的带有完整尾钩的钩爪。这当然只是高端车架的一个可选项，因为操作后至少需要对车架后部的涂装进行重新喷涂。

冲撞损伤

第一幅图的车架在车头管后的上管上有一个很明显的冲撞损伤。迎面而来的冲撞通常都会使车架在这里出现损伤。

第二幅图中车架的裂缝比较难发现，因为它出现在不寻常的位置上。大多数焊接开裂都出现在焊接连接处，但是这个车架的裂缝却位于焊接处的中心位置。

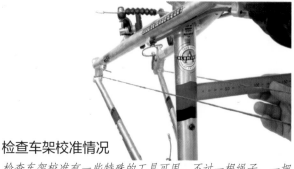

检查车架校准情况

检查车架校准有一些特殊的工具可用。不过一根绳子、一把尺子或是一条垂直的线就可以用来估算大多数车架的校准情况。在后钩爪和车头管之间拉一条紧绷的线，然后用一把尺子来测量，以确保座管完全处于两根绳子的正中间。

什么时候需要这么做：

■ 如果你要买一辆二手自行车。
■ 如果你刚经历了一次冲撞。

耗时：

■ 检查车架需要20分钟，如果你要测量车架还需要花更多时间。

难度：🔧🔧🔧

■ 定位明显的损伤是很容易的，但是要发现诸如小裂痕或是轻微的弯曲是很困难的。

车架管材

　　自行车车架通常被分为合金车架和钢架，但这只是大致的分类。一个钢制车架并不纯粹是由钢制成，因为大多数还加入了其他金属，以获得更大的耐用性。例如，大多数钢制车架管材含有不等量的铬、镍、锰、钒。至于铝制管材，比如非常受欢迎的7005系列，都在基础合金中加入了锌和镁。

Columbus

　　Airplane 7005合金——三抽对接公路车管材

　　Altec2 7005合金——山地车管材

　　Zonal 7005合金——三抽对接的经T6热处理的山地车管材

　　Chromor——双抽对接钢管材

　　Spirit——三抽或双抽对接钢管材

雷诺

　　525——入门级对接钢管材，用以钎焊和焊接

　　725——低碳铬和钼双抽对接的钢管材

　　853——含有碳、锰、硅、铜的一种高端钢合金管材

　　953——含有铬、镍、锰和钛的顶级钢合金管材

Dedacciai

　　7003——一种液压成形并经T6热处理且加入了锌和铜的合金

　　Series Zero——低碳铬热处理回火钢合金

　　D7.9——一种顶级的液压成形并经热处理的铝合金

碳纤维

　　近些年来，在自行车高端市场上广泛使用碳纤维材料。尽管这种材料的车架具有极高的强度和弹性，但它也可能受损或失效。任何出过事故或是不慎跌倒的车架都应全面检查以发现任何可能的损伤。评估碳纤维车架的受损情况是专家才能完成的事。表面的裂缝可能很小，但是却可能预示着潜在的致命损伤。如果对车架受损程度有任何疑问，你就应该去咨询专家。

钛

　　目前最奇异的车架材料除了碳纤维也许就是钛金属了，钛车架自行车以其耐用性和抗疲劳能力闻名于世。钛车架由一种钛合金组成，人们常称之为3AL-2.5V，即合金中含有约3%铝和2.5%的钒。大多数钛车架都未上漆或仅有一层透明漆。

检查冲撞伤害

1 站在自行车前面，蹲下并用目光检查车架。你应该能看到车头管和座管处于一条直线上。

2 站在车旁从正上方往下看。你能看到水平的上管和倾斜的下管处于一条线上，同时检查前叉是否往外张开同样的宽度。

3 现在从车后方沿着车架向前看。后面的拨链器应该竖直，座管和车头管应处于一条线上，同时后上叉应该是直的（异形管除外）并且没有损伤。

4 用手指摸一遍前叉的前面和后面，检查车管上是否有裂痕；还要检查前叉曲线是否顺滑，同时将前轮拆下检查是否能轻易地装回去。

碗组的拆卸、更换与调节

为了能自由操纵前轮，所有自行车在车架头管部位都安装了一个轴承装置。从最初的1英寸头管到最新的1.5英寸锥形头管，前轮的转动都依赖于在头管上部和底部的轴承。传统前叉的舵管是有螺纹的，由两颗直径很大的螺母固定。通过调节这两颗螺母，并用第二颗螺母将第一颗固定，来消除轴承的旷量。这一系统现在仍然被用在旧式的和低造价的自行车上。但是，目前多数自行车还是选择了无螺纹的舵管，也就是常说的"无牙"。这个系统是由Dia Compe，也就是现在的Cane Creek公司发明并申请专利的。

这种无螺纹的"无牙"系统有很多优点，最突出的

一点就是可以简单轻松地调节碗组轴承的松动情况，造价相比之前也低了很多。另外一点就是方便更换把立，使骑车人可以按照个人骑行习惯来调节车把的位置。

虽然目前大多数碗组还保留着传统的外置轴承碗，承载散珠轴承、滚珠架轴承或卡式轴承，但已出现了隐藏式、一体式、锥形和超大的碗组系统。隐藏式碗组将传统的轴碗放置在更大直径的头管内。一体式碗组则是将卡式轴承直接放置在头管内。锥形碗组，顾名思义，碗组的下半部分匹配更大的头管尺寸，而上部则保持原来的标准1.125英寸轴承。下部的轴承通常称为超大轴承或者1.5英寸轴承。这种结构通常需要匹配使用特殊的锥形舵管。

超大碗组通常被称为1.5英寸碗组。它拥有更大的轴承，既可以用于标准舵管也可以用在锥形舵管上。本书写作之时，还没有一家制造商推出1.5英寸的舵管，因为这意味着需要生产全新的把立才能适应更大的口径。

无论哪种系统，拆装的原则都是相同的，唯一的例外就是一体组的轴承是直接放入头管中的。除此以外，其他系统在更换时都需要先将旧轴承推出，再将新轴承压入。

碗组盖

压紧螺栓

花心

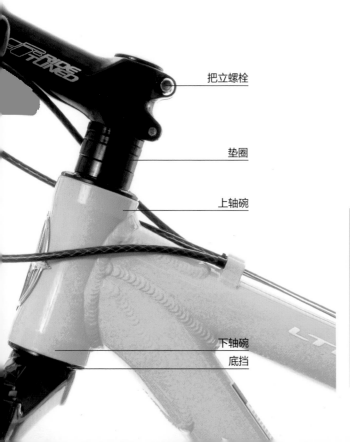

把立螺栓

垫圈

上轴碗

下轴碗

底挡

什么时候需要这么做：
■ 大修时。
■ 转向系统出现旷量。

耗时：
■ 拆卸、更换碗组轴承大约需要1小时。

难度： 🔧🔧🔧🔧
■ 不困难，但调节传统的有牙碗组系统比较耗时。

碗组轴承碗的拆卸

1 用扎带将前叉固定到下管上，拆除把立；之后用另一个扎带将把组固定到上管上，从变速杆处取出刹车线或者从前叉上拆下卡钳。

2 收集所有垫圈，将顶部的轴碗取下，露出锥形垫圈。如果很难取出垫圈，等前叉从头管中取出后再回来取垫圈。

3 剪断扎带，前叉从车架上下落。把下轴承从前叉叉冠上取下并检查。

4 固定好车架，借助一根长铜管，将头管内的轴碗敲出。注意时常转动铜管使轴碗均匀受力，然后反方向逼出上面的轴碗。

5 检查头管、轴承和轴碗，之后重新装上轴承碗。我们使用的是一根带螺纹的长杆和一些铝制垫片来重新安装它们。

6 如果没有螺纹杆、合适的垫片或套筒，或许可以试用一块木头将轴碗归位。

7 使用专用的前叉底挡拔出器将轴承座从前叉上卸下。注意，很多新款的碗组都采用分体的底挡，拆卸很方便。

8 如果手头没有专业工具，可以用平头凿敲下底挡，敲时可以把叉肩用胶带包住，防止损坏。注意，这种方法不能用在碳叉上！

滚珠架轴承

滚珠架轴承比散珠轴承更先进了一步。它检查清理起来更加简单。如果滚珠和滚珠架状况很好，那就给它们重新上油安装即可。新的滚珠架轴承很容易买到，而且可以单独更换每一颗珠子。

有牙碗组轴承的更换与调节

1 有些自行车在操作时需要先松开刹车，但是一般松开把立就可以了。将把立和把横整个拿下来，使用扎带将把组固定在上管上。

2 旋松并拆除上面的锁环。可以使用开口扳手拆除上面的螺母而下面的螺母需要专用的扳手才能拆除。

3 很多自行车的上螺母下面都有垫圈，取下它们，必要时用螺丝刀撬出。

4 使用扎带将前叉绑在下管上，或让助手握住前叉，拆除下面的螺母。

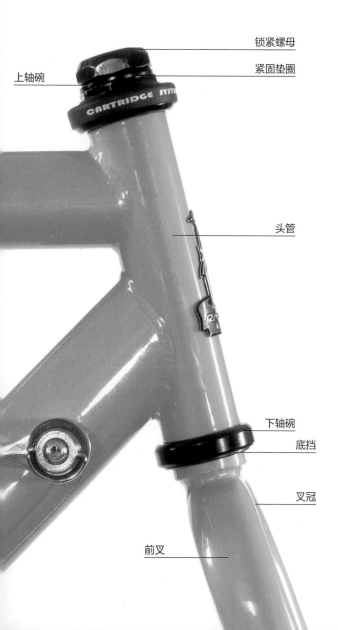

锁紧螺母

紧固垫圈

上轴碗

头管

下轴碗

底挡

叉冠

前叉

5 慢慢取出前叉，收集滚珠。很多前叉都采用滚珠架或卡式轴承，但仍然有些使用散珠轴承。

6 仔细检查头管和底挡。清洁或更换滚珠，重新安装。

7 重新安装上轴碗、垫圈和锁紧螺母。现在调节有牙轴承上盖，直至没有旷量。用扳手固定下面的螺母，上紧另一颗螺母。可能需要尝试几次才能调好。

无牙碗组轴承的更换与调节

1 取下上盖螺栓,松开把立的锁紧螺母。

2 拔起把立,收集好垫圈。压紧环通常能够固定住前叉。

3 将舵管砸下去,收集压紧环。或者使用螺丝刀或尖刀将压紧环翘起。

4 将压紧环取下,收集上轴承盖。某些碗组在轴承上面可能还有垫圈。

5 小心取下前叉,清洁并检查前叉、轴承和头管。

6 如果轴承状况良好,清洁后重新上油,将下轴承装在叉冠上。

7 重新安装前叉,滑入轴承、垫圈、压紧环,装回垫圈、把立。

8 安装上盖螺栓。注意,无牙系统的舵管必须略低于把立上缘,才能锁紧上盖螺栓。

9 拧进上盖螺栓,直至碗组没有明显的旷量。捏下前刹车,一只手放在头管上,前后晃动自行车,感觉是否有旷量。

10 对正车把,完全上紧把立的紧固螺栓。试骑一下,再次检查碗组和螺栓。

卡式轴承

1 密封的卡式轴承的使用寿命更长。用手转动轴承,如果感觉涩、有颗粒感,用尖刀小心地撬出密封圈。

2 取下密封圈,用合适的溶剂冲洗旧油,然后上新油,重新装回。

避震前叉的拆卸与保养

避震前叉虽然不是什么全新的概念，但确实是最近几年才真正受到关注。早期的产品通常采用各种结构的泡沫材料作为避震材料，一般称为优力胶。这些优力胶同时肩负避震和阻尼双重功能，长期使用会导致其最终分解。目前低成本的避震前叉仍然可能使用优力胶作为避震材料，但也有使用弹簧的。

中高端的避震前叉拥有不同的调节功能，控制前叉的压缩速度和回弹速度。压缩和回弹速度的调节是通过控制流过前叉内部的油量来实现的。许多顶级前叉能够完全阻止油的流动，从而锁住前叉。这种锁死功能基本上将避震前叉变身为硬叉，从而适合爬坡使用。

卷簧前叉可能是目前最流行的避震前叉，价格范围相当宽。气簧前叉则因为其轻量化在中高端市场占有一席之地。

所有的避震前叉都需要保养，虽然各家厂商的产品保养要求不同，不过至少应该在每次骑行后清洁一下前叉的内管。一般的原则是，至少每6个月左右应该拆下外管，进行清洁并润滑。当然，这也要依前叉的类型而定，而且骑行的环境和方式更加重要。安装在通勤车上的短行程前叉基本一年需要保养一次，越野使用的长行程前叉则至少每2个月就要保养一次。前叉制造商通常会提供保养建议，但只能作为参考。

避震油

油的浓度是由其重量决定的，这是SAE（美国机动车工程师学会）国际标准。因此理论上，重量标号为10的油的浓度全世界都是相同的。然而，实际情况并非如此，因此最好使用制造商建议的避震油。自行车的避震油根据标号一般在5wt(weight)至7.5wt之间。

什么时候需要这么做：
■ 根据制造商的保养建议。
■ 如果前叉不润滑或阻尼异常。

耗时：
■ 首次保养至少需要1小时。

难度：🔧🔧🔧🔧
■ 第一次保养是非常困难的工作。操作几次之后，会变得简单得多。

内管检查

一定要注意内管的状况。由于缺乏保养，上图的内管已经磨损。

下图的内管已经腐蚀损坏，原因也是缺乏保养。

这是一个典型的低端避震前叉的零部件分解图。注意，右腿只有一个缓冲块（在底部），没有弹簧；左腿的弹簧上端有一个调节钮，可以少量调节减压。

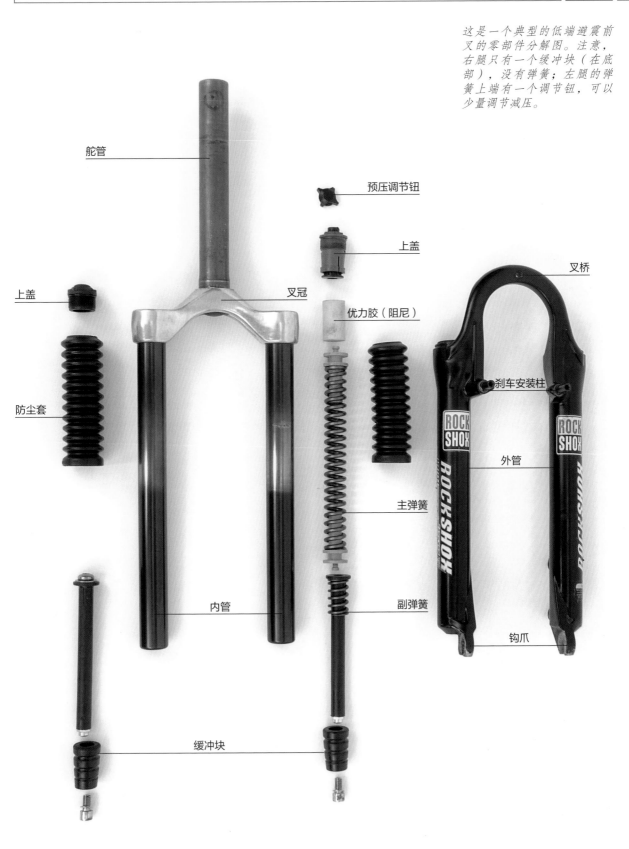

舵管

预压调节钮

上盖

叉桥

上盖

叉冠

优力胶（阻尼）

刹车安装柱

防尘套

外管

主弹簧

内管

副弹簧

钩爪

缓冲块

典型前叉的拆卸与清洁

1 将前叉从车上卸下来，固定在合适的台虎钳上。为了保护叉腿，最好用布将其包裹起来，并夹在可拆卸的工作台上。松开底下的螺栓，但不要完全取下。

2 使用软锤敲击锁紧螺栓，松开内管，然后取下螺栓。

3 小心地取下外管，将它们放在一边。

4 将内管固定在台虎钳上，取下预压调节钮和上盖。

5 取下前叉的防尘套，收集缓冲块。将前叉倒过来，取下弹簧和优力胶。注意这根前叉的右腿没有弹簧。

6 从外管中取出尘封和油封，使用清洗剂彻底清洗外管。

7 使用套筒装入新的油封和尘封。

8 清洁并检查内管。使用避震油润滑弹簧和优力胶。

新密封圈的安装以及外管的保养

1 将前叉从车上拆卸下来，保护好前叉，将它夹固在工作台上。使用合适的套筒或扳手取下底下的螺母。

2 用一个木块保护螺纹，敲击外管，松开内管。

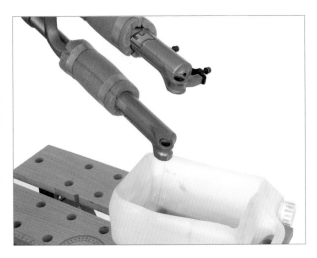

3 倒置前叉，将油引出。

4 小心拆除内管，使用合适的扳手或螺丝刀，小心地撬出油封。这根前叉的油封下面还有一层海绵密封圈，将其取出。

5 清洁并检查内外管。我们使用一根旧辐条，外面缠上无毛抹布，蘸上清洗剂，清洗外管。

6 在油中浸泡新的海绵密封圈，重新安装。使用套筒压入新的油封和尘封。

7 稍微润滑一下内管，然后将其小心装回外管，注意不要弄坏密封圈。

8 倒置前叉，在每只叉腿中注入适量的避震油。将外管完全复位，安装新的垫圈和螺母，按照规定的扭矩值上紧。

全避震自行车车架

全避震自行车车架依靠轴承或是衬套实现后摆臂的运动。早期的设计通常被叫做"URT"（统一后三角）设计，传动系统是后避震的一部分。这种设计目前仍用在一些低成本的全避震自行车上，但是大多数全避震设计都已经使用IRT（独立后三角）避震系统。在IRT设计中，中轴通常也是车架主体的一部分。

IRT避震系统既可以是简单的单转点设计，也可能是复杂的多连杆和多转点设计。在单转点避震自行车上，后轮轴的路径是连贯的弧形轨迹，与避震器的压缩无关。在多转点设计下，后轮轴的路径轨迹并不是连贯的，因为后轮并不是围绕着一个固定点转动。注意，一些看起来像多转点的设计其实只是一个使用一根连接杆系统压缩后避震器的单转点设计。

所有的全避震自行车都必须有一个弹簧和一些阻止弹簧振动的方法。这些功能由一个集合了弹簧和阻尼的装置实现。但是在一些非常便宜的全避震山地车上可能只有一个线圈弹簧而没有阻尼系统。

弹簧可分为线圈弹簧和气压弹簧。我们可以通过选择不同强度的线圈弹簧和调节气压弹簧的气压来适应车手的体重。根据后避震器和弹簧装置质量的不同，可以实现多种调节功能。这些功能包括调节压缩阻尼和回弹阻尼。一些车还有锁死功能，当你要爬坡或是越野时可以将后避震锁死成硬尾车的效果。

由于全避震山地车有许多活动的部件，因此应经常注意支点的任何过度移动情况。大多数全避震车在多个连接杆和支点上使用卡式轴承，很容易磨损。当你听到任何从后避震传来的不寻常的沉闷金属声、敲打声和咔哒声时都应该立即检查。

大多数避震车都使用卡式轴承，虽然每个厂家都有自己的尺寸和规格，不过大多数都还是容易买到的标准轴承。磨损的轴承通常可以通过合适的套筒和锤子将其从车架或连接杆中取出。最难拆卸的轴承是那些处于防护外壳下几乎看不见的轴承。如果轴承内碗损毁的同时轴承外碗又陷在车架或是连接杆中，那么就不可能从后面将其拆除了。在这种情况下，唯一的选择是去租用或借用一件隐藏轴承拆卸器。这种工具借助一个滑动锤和胀楔子锁住里面的轴碗。

后避震衬套的更换

1 许多后避震上使用的是Glacier轴承，要操作这种轴承，需要一个图中所示的这种简单的衬套拆装工具。

2 安装工具，将旧衬套从避震器上拔出，留在工具上。清洗避震器孔洞并检查受损情况。

3 翻转工具并用它将新衬套塞进避震器孔洞中。

避震车架轴承的更换

1 大多数后避震的轴承都是压接在自行车架或是摇臂板里的。用合适的六角扳手拆卸摇臂板。

2 用一个钻有多种不同直径圆孔的木板作为夹具，然后用一个旧套筒将轴承从摇臂中取出并使其穿过夹具上合适的孔洞。

3 为了安装新轴承，我们综合使用了旧套筒、垫圈和一定长度的螺纹杆。要确保套筒只作用于轴承外碗。

如何设置一辆避震自行车

所有的全避震自行车都需要正确调试，以实现其避震功能的最大化。第一件要做的事是设置初始行程，这通常称为设置"预压"。一般初始设置的预压为自行车全部行程的25%左右，但是这个设定并没有固定的准则。例如，在一个短行程的自行车上，你也许只想将预压设定在全部行程的10%左右。相反地，在一个长行程的速降车上，你也许愿意将初始预压设定为全部行程的30%。想要找到一个合意的中间值总是需要多次的实验。

自行车所要骑行的地形是另一个需要考虑的因素。一辆可能只用于骑行市郊土路的短行程避震车，可以放心地将初始预压设定为30%，因为几乎不可能遇到会使避震器打底的地形。

当正确设定了初始预压之后，接下来要注意阻尼控制。虽然大多数避震车架都多多少少会有些回弹和压缩阻尼控制，但阻尼控制能力的好坏还是取决于避震车架的质量。一开始最好将所有可调节范围调到中间位置。例如，如果回弹有10个级别可控制，那么一开始的设定应该在5级。当然这只是一个指导建议，最好的解决方法还是去骑车测试并相应地做出调整。有些车手喜欢明显的减震感觉，因此会将阻尼控制调到最低；有些人则更喜欢硬朗的感觉，从而倾向于将阻尼控制调到最大或接近最大。

如果你会组装硬尾车的前避震，那么组装全避震自行车并不难，也是遵循相同的步骤。当正确设定了预压并调节好阻尼控制之后，就该进行骑行测试了。经过一次长时间的测试骑行之后，应该检查一下使用了多少行程。理想的情况是，避震器已经触底并在骑行中有一两次用完了所有行程。当骑过一段特别颠簸的路段后，要检查所有的行程是否都已用完。如果你是在市区内测试骑行，那骑下马路牙子和骑上台阶是个测试的好方法，可以看出是否使用了所有行程或是需要进一步调节。

线圈弹簧

用于后避震的线圈弹簧有多种重量可以选择。这个重量不是指弹簧本身的重量，而是指将弹簧压缩到一定程度所需的重量。在山地车上，这一般表示为一个以"磅/英寸"为单位的数字。同时也会标出建议最大避震行程。弹簧重量从350磅到800磅不等。此外你也需要知道你现有弹簧的长度。

1 尽管厂商一直声称全避震山地车的行程总是取决于后避震的行程，但是，这并不是后轮的全部可用行程。

2 许多避震装置和前叉都按标准装配有O形环。如果没有，则可以使用扎带代替。轻轻坐上车，然后下车。现在检查避震器中O形环移动了多远。如有需要，改变气压或是增加弹簧的预压，使O形环的移动量是可用行程的10%~30%。这就是预压设定。

3 大多数卷簧后避震都装有一个阻止颠簸的装置，它可作为一个行程指示器。用一个小螺丝刀将其从安装座中取出。旋转弹簧顶部的颈圈可以调节预加载量。然而，如果你需要拧两到三个整圈以上才能设置好避震器，那就应该考虑换一个弹簧刚性更高的卷簧。

4 使用避震打气筒在气压避震器的高压气室中增加或抽出空气。一些高端后避震也可能会有一个独立气室，但如果你发现避震器太软时也需要调节那里。

5 当正确设置好预压之后，就需要调节阻尼控制了。对于大多数的前叉和后避震而言，一开始通常都设在可用行程的中间值位置。如果你不确定哪儿是中点，那么可以完全旋紧和完全旋开控制旋钮并计算各自所需圈数，然后选择中间点作为初始设置。

6 设置避震前叉也可遵循同样的步骤。如果你用的是弹簧叉，那么只能替换弹簧来设置。而弹簧的选择是很有限的。因此，如果你的体重特别轻或特别重，那就需要换一个气叉。

第 8 章
人身安全与
安全装备

头盔

在骑行的时候佩戴合适的头盔至关重要。市面上有各种风格与款式的头盔可供选择，应尽可能考察不同厂家生产的不同风格的产品，从中挑选适合自己的头盔。即使价钱贵一些，一个好看、适合自己的头盔总比不合适的、不时尚的头盔要好得多，而且合适比外观更重要。

第一代的现代自行车头盔使用聚苯乙烯生产，采用简单的包围结构。大部分现代头盔也是用聚苯乙烯生产的，但是外面压制了一层薄的塑料。BMX自行车的头盔倾向于使用硬质塑料，内层用较薄的聚苯乙烯。速降（DH）所使用的全盔采用硬质塑料或者碳纤

维材料做外壳，内层依然使用的是聚苯乙烯。

所有头盔，无论使用哪种材料，都必须满足某些安全标准。最普遍的标准有EN 1078和Snell B95。在欧洲出售的头盔都必须符合欧洲的EN 1078标准。老式的头盔也可能遵守已经停用的BS 6863英国标准。然而，这种老式头盔基本都有10年之久的历史，也需要更换了。大部分制造商和某些国际标准建议头盔最长5年就需要更换，而无论是否使用，因为聚苯乙烯等材料会逐渐降解。不过要注意，Bell、Met和Giro这家都建议每3年就要更换头盔。对于很多消费者，特别是那些只在夏天偶尔戴上头盔骑骑车的人来说，还是选择其他品牌为好。

1 所有的头盔都应该提供不同厚度的衬垫以方便调节。这些衬垫设计用于微调头盔舒适性，而不是用于弥补尺寸的差异。

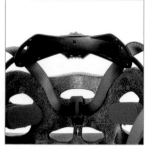

2 现在大部分的头盔后面都有一个调节装置。这个装置可以调整头盔的松紧，防止头盔前后晃动。

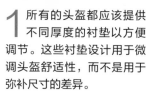

3 头盔佩戴应该正确，这个头盔戴得太靠后了，已经露出了额头。虽然这个头盔的尺寸是合适的，但是没有佩戴正确。

4 当头盔佩戴正确时，额头是被包裹住的。调整束带，让调节扣位于耳朵下方，下巴处的卡扣要卡紧。

自行车锁

1 在英国，2010年第一季度报告显示，被盗窃的自行车超过18 000辆，自行车失窃已经成为一个严重的问题。一条简单的链锁能防范存有侥幸心理的小偷，但是高质量的U形锁才是最好的选择。在容易失窃的地区可以考虑使用一个以上的锁。

2 永远把车和固定的物体锁在一起，最好是专门停车的地方。如果你用的是快拆轮组，拆下前轮，把它锁在车后面。如果你用的是快拆座管，可以考虑拆下来带走。

3 锁车的黄金法则是把锁放在不容易够着的地方，如果你都觉得开锁比较麻烦，小偷也会这么觉得的。

安全服饰

大部分专业的骑行服有多个反光区域。这件夹克采用反光商标，还有地方可供安装尾灯。

市面上有各种款式的手套可供选择，从传统的半指手套到冬季的全指防水手套。

反光腰带和反光臂带很容易携带，而且也非常有效。

自行车灯

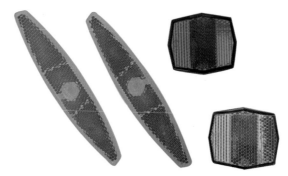

反光板永远都是自行车的标配，对于侧面特别有效的辐条反光板也是。在英国，车尾反光板和踏板反光板都是法定强制要求的装备。

笨重、安装麻烦且电池容易泄漏的传统车灯已经被时代抛弃。图中这些现代尾灯都是LED（发光二极管）灯，有若干种工作模式，包括从持续发光到多种组合的闪烁发光方式。

前灯也非常重要。LED技术让厂商能生产出非常明亮同时耗电很小的车灯。也可以在把横等处安装支架，使用手电筒作为前灯。

重度越野和夜间通勤需要的高亮可充电前灯也已经面市。这些产品使用了最新的LED技术。这是输出超过1000流明的头盔灯。

附录

问题排查

一般问题

骑行舒适性
- [ ] 调节车把的位置
- [ ] 调节车座的前后位置

骑车感觉颠簸
- [ ] 车轮胎压不足
- [ ] 更换更宽的外胎

车座不舒服
- [ ] 调节车座的位置/角度
- [ ] 穿带垫的骑行裤
- [ ] 使用更好的车座

车把不舒服
- [ ] 调节把横角度
- [ ] 尝试不同的把套或带垫的把带
- [ ] 尝试使用骑行手套
- [ ] 尝试不同把形的车把

脚不舒服
- [ ] 尝试鞋底更硬的鞋
- [ ] 使用自锁系统
- [ ] 检查脚的位置

骑车感觉很累
- [ ] 车轮胎压不足
- [ ] 车座过低
- [ ] 刹车蹭车圈
- [ ] 车轮蹭车架或挡泥板
- [ ] 传动系统、链条磨损
- [ ] 齿比选择不当
- [ ] 更换更窄、胎纹更小的外胎

自行车不稳定，特别是速度快时
- [ ] 车轮胎压不足
- [ ] 车轮、碗组轴承松动
- [ ] 前叉或车架变形
- [ ] 车轮龙了

自行车"咔咔"作响
- [ ] 挡泥板、货架或其他配件松动
- [ ] 行李太重、太高或者太靠后
- [ ] 货架硬度不够

有剐蹭的声音
- [ ] 挡泥板蹭车胎
- [ ] 挡泥胶皮或碎石卷入挡泥板
- [ ] 链条蹭链罩

小螺栓松掉
- [ ] 使用螺纹紧固剂重新安装变速系统

后拨链器

定位不准、变速慢
- [ ] 变速线张力不正确
- [ ] 变速线需要润滑或更换
- [ ] 拨链器或尾钩变形
- [ ] 零件不兼容
- [ ] 变速线、线管、线管帽不合适

不能变到最大飞轮
- [ ] L限位螺丝设置不当
- [ ] 变速线张力设置不对

链条或拨链器蹭辐条
- [ ] L限位螺丝设置不当
- [ ] 拨链器或尾钩变形
- [ ] 检查辐条和车轮是否完好

不能变到最小飞轮
- [ ] H限位螺丝设置不当
- [ ] 变速线张力设置不对

链条离开最小飞轮
- [ ] H限位螺丝设置不当

前拨链器

变速时链条卡住
- [ ] 拨链器过低
- [ ] 链条过短

链条离开或无法变到小齿盘
- [ ] L限位螺丝设置不当

链条离开或无法变到大齿盘
- [ ] H限位螺丝设置不当

链条不变速或者变速迟钝
- [ ] 拨链器过高
- [ ] 拨链器安装角度不正确
- [ ] 拨链片需要略微向内弯曲

前后拨链器

系统自己变速或变速失常
- [ ] 拨杆摩擦螺丝需要上紧
- [ ] 有人给摩擦拨杆上油了!

需要很大力气才能变速
- [ ] 走线不正确
- [ ] 线和线管需要润滑或更换

花鼓变速

花鼓变速跳齿（所有型号）
- [ ] 变速线张力设置不正确
- [ ] 线夹或导线座松脱
- [ ] 车轮滑动——螺母松动?
- [ ] 花鼓内部零件磨损
- [ ] 链条或链轮严重磨损

链条、脚踏和曲柄

链条断裂
- [ ] 链条安装错误
- [ ] 链条磨损

发力时链条跳齿
- [ ] 链条、飞轮磨损
- [ ] 链条有死节

链条有噪声
- [ ] 链条缺油
- [ ] 链条磨损

出现有规律的撞击声或跳齿
- [ ] 链条有死节
- [ ] 曲柄销松脱或磨损
- [ ] 曲柄螺栓松脱
- [ ] 链轮齿弯曲
- [ ] 链条磨损

踩踏时发出不规则的撞击声或"嘎吱、嘎吱"声
- [ ] 脚踏外框或轴承松散
- [ ] 中轴轴承出问题
- [ ] 辐条松脱
- [ ] 链轮螺栓缺油
- [ ] 曲柄松脱
- [ ] 最后一招——润滑轴心方头

踩踏感觉异常
- [ ] 曲柄或脚踏变形或松脱

倒轮感觉僵硬
- [ ] 花鼓变速或单速车链条过紧
- [ ] 花鼓变速轴承过紧

有不规则的敲击声
- [ ] 中轴轴承出现问题

顶部还有两处选项（右上）:
- [ ] 线夹螺栓松脱
- [ ] 线管帽丢失

旋飞

踩踏时感觉旋飞敲击
☐ 轴承松脱

转动时有异响
☐ 轴承磨损或需要清洗或需要润滑

飞轮跳齿或过紧
☐ 整个传动装置出现问题，可能需要更换

卡飞

塔基滑齿或过紧
☐ Shimano——更换塔基
☐ 其他品牌——大修

踩踏时感觉卡飞敲击
☐ 卡飞锁环松脱

刹车

刹车力不足、行程过长
☐ 刹车线调节不当
☐ 快拆设置不当
☐ 刹车块磨损
☐ 车圈有油
☐ 线和线管腐蚀或需要润滑
☐ 刹车把手夹环松脱
☐ 刹车系统不兼容

刹车力迅速下降
☐ 线夹螺栓不紧
☐ 刹车块不紧
☐ 线管帽损坏或丢失

刹车不能正常复位
☐ 转点螺栓过紧
☐ 刹车线腐蚀或需要润滑
☐ 刹车块位置不正确
☐ 弹簧张力不正确

刹车异响
☐ 刹车块老化或过硬
☐ 刹车块需要调节束角
☐ 车圈需要清洁

刹车颤动或别蹭
☐ 刹车块需要调整束角
☐ 车圈变形或磨损
☐ 刹车转点过松
☐ 碗组轴承松脱

刹车手感硬
☐ 刹车线腐蚀或需要润滑
☐ 刹车线走线不正确
☐ 刹车弹簧张力不正确

刹车把在使用中异响
☐ 润滑安装点和转点

雨天刹车力不足
☐ 使用更好的刹车块或合金车圈

车轮与外胎

车胎慢撒气
☐ 内胎上有非常小的孔
☐ 气嘴松动或漏气

车胎快撒气
☐ 扎胎或爆胎

重复扎胎
☐ 异物尚未清除
☐ 没有胎垫
☐ 辐条扎破内胎
☐ 外胎磨损
☐ 车胎气压不足
☐ 使用撬胎棒安装外胎时用力过猛

外胎安装不正
☐ 重新正确安装

车圈龙了
☐ 辐条断裂
☐ 辐条张力不同

花鼓传来"咔啦"声
☐ 轴承出现问题
☐ 车轮龙了，左右晃动
☐ 车轮轴承松动
☐ 车轮螺母松动
☐ 轴心损坏

车把与车座

车把看起来或感觉不对
☐ 检查安装是否正确
☐ 检查车把是否弯曲

把组发出"吱吱"声
☐ 把组安装面需要润滑，把立与前叉的安装面需要润滑
☐ 车把出现断裂

把横转动
☐ 把立螺栓扭力不够
☐ 把立与把横规格不兼容

把组在前叉中移动
☐ 把组膨胀螺栓不紧

把组与前叉粘连
☐ 把立没有润滑——使用喷雾润滑剂渗透

车座前后上下移动
☐ 车座固定螺栓不紧
☐ 座管夹螺栓不紧
☐ 座管夹过高

车座出现异响
☐ 使用喷雾润滑剂喷座管夹、弹簧等位置

座杆与车架粘连
☐ 座杆没有润滑——使用喷雾润滑剂渗透
☐ 座杆直径过大

座杆在车架中移动
☐ 座管夹螺栓不紧
☐ 座杆直径过小

车架与前叉

车架颤动
☐ 碗组轴承松动
☐ 刹车蹭车圈

车总是偏向一边
☐ 车轮（主要是前轮）不正
☐ 前叉或车架变形

转向/操控异常
☐ 胎压不足
☐ 碗组太紧/太松，碗组磨损
☐ 前叉或车架变形

碗组持续松脱
☐ 锁紧螺母不紧
☐ 碗组磨损
☐ 前叉或车架变形
☐ 滚珠太多

常见的外胎规格

人们在购买外胎时总会有点迷茫。除了700c使用米制单位外，大部分外胎仍然使用英制单位。我们已经知道，山地车的车胎已经出现了29英寸的外胎。这些其实也是700c外胎，为了和公路（和其他）车外胎区别，所以使用"29英寸"这种叫法。

当然，除了轮胎的直径外，还需要考虑轮胎和车圈的宽度。一条700×20的外胎确实可以安装在应该安装700×38c外胎的车圈上，但是并不建议这样使用。一般的原则是，更换的外胎可以比原装外胎大一号或者小一号。例如，如果设计规格为700×28c，使用700×32c的外胎路感更软，也可以使用700×25c的外胎，不过路感会更硬。

英制	米制	应用
29	622	700c标准公路车
27	630	老式公路车
26	559	山地车
24	507	小山地车
20	406	BMX自行车和童车
16	349	童车和折叠车
12	203	童车

锁紧扭矩

请注意，表中的扭矩仅供参考，具体数值请参照产品说明书。

零件		扭矩（N·m）
M5螺栓		4~6
M6螺栓		7~10
M8螺栓		16~24
M10螺栓		35~50
老式车轮固定螺母		20~30
刹车把手安装螺栓		4~8
缆线固定螺栓		3~4
卡式轴承		35~50
卡飞锁紧环		30~50
齿盘盘钉		5~7
曲柄螺栓（花键或方孔）		25~50
碟片		2.5~5
碟刹卡钳安装螺栓		5~7
拨链器安装螺栓（后）		8~10
外置中轴		35~50
塔基花鼓		35~50
Hollowtech Ⅱ 曲柄螺栓		12~15
脚踏		25~35
无牙舵管把立螺栓		5~9
车座导轨夹固定螺栓	1颗	16~25
	2颗	5~8
把横固定螺栓	1~2颗螺栓	18~30
	4颗螺栓	4~8
鹅颈把立楔形螺母		20~25

中轴标准

目前英制有牙中轴仍然是最常见的，但是已经发生变化。所有的新规格标准使用压入式安装方法。例如，BB30的轴承直接压入五通，PF30则是将轴碗压入五通。

还有些厂商使用他们自己的特有规格。在本书编写之时，又推出了一种新规格：BB386EVO。这种标准采用更大的五通外径。

不过你也不必为标准过多而担心，由于所有的新标准相对于传统中轴都是加大的，因此大多数制造商都提供转换座，以兼容现有的牙盘组规格。

类型	螺纹	外径	五通宽度	内径
ISO/英制	1.37×24TPI	34.6~34.9mm	68/73mm，部分DH车为83mm	33.6~33.9mm
意制	36mm×24TPI	35.6~35.9mm	70mm	34.6~34.9mm
BB30	压入式	39mm轴心	68/73mm	41.96mm
PF30	压入式	30mm轴心	68/73mm	46mm
BB86	压入式，公路车	24/19mm轴心	86.5mm	41mm
BB92	压入式，山地车	24/19mm轴心	92mm	41mm

碗组标准

和中轴标准的变化一样，碗组和头管的标准也在近些年发生了很大变化。幸好大部分主要制造商都使用一种通用的标准——SHIS（标准碗组识别系统）。

头管类型	SHIS上部	SHIS下部	上部内头管直径	下部内头管直径	注释
传统	EC34/28.6	EC34/30	34mm	34mm	外置轴碗
隐藏	ZS44/28.6	ZS44/30	44mm	44mm	可选外置轴碗
一体	IS41/28.6	IS41/30	41mm	41mm	
锥形/E2	ZS44/28.6	ZS56/40	44mm	56mm	
锥形 Scott/Lapierre	ZS44/28.6	ZS55/40	44mm	55mm	1mm差值
1.5英寸	ZS49/28.6	ZS49/30	49mm	49mm	
1.5英寸	EC49/38.1	EC49/40	49mm	49mm	可选外置轴碗

专业术语

在这一部分中，我们将解释常用的自行车术语。

无牙碗组——传统碗组的替代品。英文为"Ahead"、或"A-head"。

Allen扳手——泛指内六角扳手。Allen（艾伦）是品牌名称。

合金车圈——所有的优质自行车的车圈都使用铝合金材料。低端自行车仍然使用钢制车圈。

防粘合剂——一种含有铜粉的轻型润滑油脂。油脂蒸发后，残留的铜粉作为润滑材料。

轴心——轴承装置的中心零件。对轴心的定义还有许多争议。有人称如果它也转动，应该称为轴杆；如果静止不动，其他零件围着它转动，才能称为轴心。

滚珠轴承——通常指硬镀铬圆形钢珠，安装在轴碗之间，作为自行车的轴承。也可以指轴碗和散珠组成的整个结构，例如卡式轴承。

副把——安装在直把的末端，形似牛角。它提供了更多的手握位置，特别适合爬坡或长途骑行使用。

胎唇——外胎的硬边。通常由钢丝制成，折叠外胎则使用凯芙拉材料。

轴承——为减小滚动件或滑动件磨损而设计的零件。自行车上主要的轴承零件包括碗组、中轴和花鼓。

水壶安装孔——为安装水壶架或其他配件而在车架上预留的螺纹孔。

中轴——安装牙盘组的轴承和轴心。

五通——下管和座管交汇处，安装中轴的位置。

直装拨链器——直接安装在钩爪上的拨链器。

挂耳式装置——类似水壶架安装孔或拨杆安装孔等永久固定在车架上的安装孔。

接头——加厚的管材末端。

线帽——安装在缆线末端防止散线的软金属帽。

过线座——焊接在车架上的中空小管。线管从开口的一段插入，线从另一端穿出。通常留有凹槽，方便在不松开缆线的情况下拔出线管，以方便润滑缆线。

吊刹——通过前叉或后下叉上的安装转点连接。非常强力的刹车，排泥性能强大，通常安装在低成本的山地车上，也用于混合车以及旅行车上。

碳纤维——高强度、相对高成本的材料，可以用于生产车架、座杆和其他部件。碳纤维材料通常被编成碳布或碳片，用胶粘连。其价格昂贵，不适合日常使用。

卡式中轴——中轴轴承，轴心在标准的滚珠轴承上转动，密封在金属套内。它无需经常保养，已成为主流中轴标准。

卡飞——即卡式飞轮，这种飞轮不包含棘轮装置。

中拉刹车——两只刹车臂单独安装在背板上的刹车系统。

中心到中心——测量车架的传统方法，即五通轴心到座管锁紧螺栓的距离。由于压缩架的出现已经不再适用。

居中——通常指调节刹车的位置，使刹车块与刹车面的距离相等；也可以指后轮的安装，使其位于后下叉的中间。

护链罩——通常是使用轻型钢或塑料材料，套在链条和牙盘周围的保护罩，固定在车架上，作用是保护骑车人的右脚。

链线——这是一条从前齿盘到后飞轮之间想象出来的完美线段。单速车的完美链线使链条不受到侧向力，外变速装置自行车的完美链线应该在前中盘（三片式）到后中飞。

牙盘片——牙盘组中咬合链条的近圆形带齿金属片。

牙盘组——包括牙盘片、蜘蛛支架、曲柄。

后下叉——五通到后钩爪之间的管材。通常在靠近五通的位置向内弯曲。

铬钼钢——一种合金钢，通常用于车架制造。它不属于高品质材料，但性价比较高。

锁片——一种铸造金属片，安装在锁鞋底部，卡入自锁脚踏的弹簧卡锁系统中。

开口胎——可拆卸的外胎，通过硬边卡在车圈的边缘上。

飞轮组——飞轮片组合。

齿轮——通常指飞轮片或牙盘片。

Columbus——意大利高级车架制造商。

曲柄销——异形钢针，平的一边将曲柄固定在中轴轴心上。罕见于现代自行车。

无栓曲柄——即方孔曲柄。

曲柄——金属或碳纤维牙盘零件，连接脚踏，将力量传递给牙盘。

碗锥轴承——标准的自行车轴承零件，散珠夹在轴碗和锥形滚动面之间。这种轴承可以通过旋拧螺纹零件调节轴承的松紧度。

除油剂——包括石蜡、柴油等成分的，用于去除油脂的溶液。

拨链器——将链条从一个链轮拨到另一个链轮的变速装置，是目前最流行的变速方式。

钻石架——自行车车架的标准架形。山地车通常采用改良的钻石架。

双抽——指使管材中间轻薄、两端厚的一种技术。

下管——通常是车架中最粗的管，连接头管和五通。

钩爪——车架上连接车轮的位置。

弯把——公路车和旅行车上使用的下弯把。

双轴刹车——侧拉与中拉刹车混合的产物。其比中拉刹车小巧，比侧拉刹车力量大。

膨胀螺栓——从把立上端旋入舵管内部的长螺栓。

死飞车轮——后花鼓只有一个链轮，没有棘轮装置，只要车在移动，骑车人就必须保持踩踏。

叉冠——前叉顶部。有时是分离的，有时与前叉叉腿一体。

叉端——前叉上连接前轮的位置。

前叉——车架上可以固定和转动前轮的部分。

车架角度——车架上管与座管，以及上管与头管之间的角度。这些角度对车架在路上的性能影响很大。

塔基——后花鼓上安装飞轮的部分。右侧花鼓轴承装入塔基内部。

飞轮——目前几乎所有的自行车都采用飞轮装置，不踩踏时可以滑行。

前拨——前拨链器。拨动链条可变换不同的盘片。

挡位范围——最低挡位与最高挡位的差。

齿比——使用的牙盘与飞轮片的比值，可以反映曲柄每转一圈自行车前进的距离——低齿比大约1m，高齿比大约2.7m。

锤子——在维护和保养自行车时需小心使用的工具。

硬尾自行车——没有后避震的自行车。

碗组——支撑前叉、使前叉转动的轴承。下部轴承要承受非常大的力量，因此磨损后必须更换。

头管——车架上最短的管，连接上管和下管。

弯管——V刹上将刹车线连接到刹车臂的短金属弯管。

十字螺丝刀——1号和2号螺丝刀可用于自行车，不能混用。

旷量——异常的轴承晃动。可能由于磨损或调节不当所致。

法嘴——气嘴的一种，主要用于公路内胎。法嘴头上有一颗小螺丝。

快拆——通常指车轮的快速拆卸装置，也可以指座管夹等类似装置。

鹅颈把立——老式的把立，使用一颗楔形螺栓固定。

轴碗——散珠轴承中接触散珠的滚动面。

后拨——后拨链器。目前最多可控制11片飞轮。

雷诺（Reynolds）——英国高品质钢架制造商。

跑车——老式的"趴赛"自行车。

碟片——也叫盘片，碟刹的刹车片。

预压——骑车人坐在全避震自行车上后避震器被压缩的行程。

美嘴——机动车式气嘴，中间有一根气针，比法嘴粗。

座杆——插入座管中，支持车座的管。

座管——连接上管和五通的粗管。

高齿比——使用这个齿比，每踩踏一圈前进很长距离。此时链条在最大牙盘和最小飞轮上。

花鼓变速——一种变速系统，也叫内变速，即变速系统位于花鼓本体内部，目前有3速、5速、7速、14速产品。

混合自行车——结合了传统公路车和山地车的特点，使用大轮胎和普通车架的自行车，通常称为城市车。

液压成形——车架通过液压冲模制成复杂的形状。

定位变速——通过变速拨杆控制拨链器变速的系统。

导轮——后拨链器中，引导链条变换飞轮，并传递到牙盘的小轮。

凯芙拉——高强度合成纤维，用于强化外胎或其他零配件。

齿胎——保证泥地中抓地力的大颗粒外胎。

后飘——座轨夹与座杆中心线之间的距离。

低齿比——使用这个齿比，每踩踏一圈前进很短距离。其用于爬坡或越野。

油——本书中一般代指润滑油。

吊耳——一种连接车架主要管材的复杂钢套。

尾钩——安装后拨链器的位置。钢架或钛架上，尾钩通常是后钩爪的一部分。在其他车架上，尾钩是用螺栓固定的，可以更换。

条帽——穿过车圈、旋在辐条上的金属头。旋拧条帽可调节辐条的张力。

700c外胎——通常安装在公路自行车上的外胎，轻薄、结实。

变速拨杆——操作变速的装置。

侧拉刹车——公路自行车使用的一种刹车。两个刹车臂通过刹车线在一侧连接。

光头胎——山地车上使用的浅纹或无纹的外胎。

蜘蛛支架——驱动侧固定牙盘的支架。大多数牙盘都是固定在四钉或五钉的支架上。

辐条——连接花鼓和车圈的细钢丝零件。

辐条扳手——用于操作条帽的工具。

喷雾式润滑油——各种品牌的硅类喷雾式润滑油，也指自行车专用润滑油。液体蒸发后，留下固体润滑物质。

场地轮——非常轻的车轮和外胎的组合，专门用于公路和场地骑行。外胎和内胎缝合在一起。

链轮——带齿的轮片，将力量从链条传递到花鼓。

链轮组——外变速系统所有链轮的组合。

舵管——连接叉冠、由碗组固定的管，随前叉转动。

把立——安装在舵管上、支撑把横的部分。

STI——由Shimano发明的变速系统，变速拨杆与刹车拨杆结合在一起。

连接钢线——连接两个刹车臂的短线，在某些吊刹和中拉刹车上使用。

避震前叉——允许叉管运动、吸收冲击的前叉。前叉的运动通常使用弹簧、空气或液体阻力装置控制。

束角——单位通常为毫米（mm），指刹车块的前端比后端更靠近车圈。

上管——连接座管和头管。以前通常是水平的，但现在非水平上管越来越多。

传动——将力量传递到后轮的整套机构，包括牙盘、链条、飞轮以及前后拨链器。

管胎——内胎缝合在胎面上的一种外胎，用于场地轮。

气嘴——一种将空气保存在内胎里的装置。自行车的气嘴通常是内胎的一部分。

胎壁——轮胎侧壁，胎面与车圈之间的部分。有时候使用黄色与胎面区分。

V刹——山地车和通勤车的标准刹车，是Shimano开发的U刹的后续产品。

车圈——车轮外围安装车胎的部分，通常也是刹车面的部分，可由钢或其他金属制成。

轮窝——车圈中间安装辐条的位置。

接桥——一种后下叉设计，两根叉管在后轮上方交汇，变成一根管与座管连接。